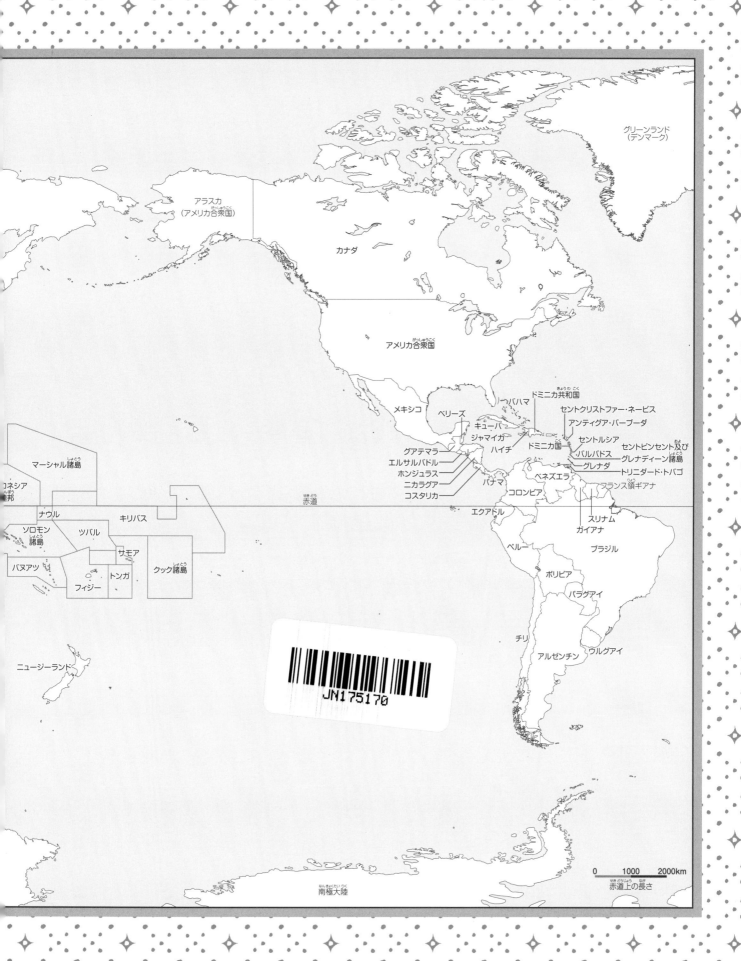

池上彰 監修！
国際理解につながる
宗教のこと

4

歴史と宗教
(欧米・中東編)

この本を読むみなさんへ

あなたは、ふだん、宗教というものを、どれくらい意識しているでしょうか。多くの人は、「宗教なんて、ほとんど意識していないし、あまり考えたこともない」と思っているのではないでしょうか。学校の授業には「宗教」はありません。家でも宗教のことを話題にする人はそう多くないようです。でも、私たちのくらしの中には、宗教と関係したことが意外に多いのです。

例えば、節分やクリスマスなどの年中行事。これらの多くは、宗教と関係があります。また、お正月に神社に行って「今年も健康に過ごせますように」などと願うことも、宗教と関係しています。私たちが受けついできた文化の中には、意識しなくても宗教に関することが意外とたくさんあるのです。

外国ではどうでしょうか。国によって程度の差がありますが、人々が、まったく宗教と関係なく暮らしている国はほとんどないと言ってよいでしょう。世界の人々は、宗教と関わりをもって生きているということです。

宗教は、昔から、人がどう生きるか、どう暮らすかを決めるもとになってきました。そのため、宗教が原因で戦争になったこともあります。現在でも、宗教に関係して争いや対立が起こることもあります。世界の動きや国と国の関係を理解するために、「宗教」という目で見ると、なぜ今の世界がこうなっているかがわかることもあります。このシリーズでは、国際理解がしやすくなるように、宗教を考えていきます。

この巻では、「歴史と宗教（欧米・中東編）」として、ヨーロッパとアメリカ、そして中東の、宗教をじくとした歴史をたどってみることにします。歴史と言うと、遠い昔のできごとのように感じるかもしれませんが、そうではありません。今があるのは、過去があったからです。過去に起こったことは、今につながっているのです。歴史をふり返ることで、今起こっているできごとの原因がよく理解できるのです。

監修　池上彰

1950年、長野県生まれ。大学卒業後、NHKに記者として入局する。社会部などで活躍し、事件、災害、消費者問題などを担当し、教育問題やエイズ問題のNHK特集にもたずさわる。1994年4月からは、「週刊こどもニュース」のおとうさん役兼編集長を務め、わかりやすい解説で人気となった。現在は、名城大学教授。
おもな著書に、『一気にわかる！池上彰の世界情勢2017』（毎日新聞出版）、『池上彰の世界の見方：15歳に語る現代世界の最前線』（小学館）、『伝える力』（PHP研究所）、『池上彰の戦争を考える』（KADOKAWA）がある。

・宗教の教えや歴史上のできごとについては、それぞれの宗教の観点をふまえ、できるだけ客観的に書くことを心がけています。
・宗教上のできごとなどについては、さまざまな説やとらえ方、不明点があります。本文中に書かれていること以外の説などを否定するものではありません。
・イラストは、読者の理解を助けとなることを優先し、デフォルメ（演出上の改変）をしたものもあります。

＊このシリーズは、2017年1月現在の情報をもとにしています。

もくじ

第1章　ヨーロッパとアメリカの宗教の歴史

- 文明の始まりと宗教 …………………………… 4
- キリスト教が始まる …………………………… 6
- ローマで広まったキリスト教 ………………… 8
- 東西に分かれた教会 …………………………… 10
- イスラム世界を攻める十字軍 ………………… 12
- 新しい宗派の登場 ……………………………… 14

- 世界へ広がるキリスト教 ……………………… 16
- 宗教戦争が起こる ……………………………… 18
- アメリカにわたった宗教 ……………………… 20
- 宗教をめぐる争い ……………………………… 22
- 現代のキリスト教 ……………………………… 24
- キリスト教と文化 ……………………………… 26

第2章　中東の宗教の歴史

- ユダヤ教が始まる ……………………………… 28
- イスラエルの建国と滅亡 ……………………… 30
- イスラム教が始まる …………………………… 32
- 正統カリフからウマイヤ朝へ ………………… 34
- ちがう宗教の勢力との戦い …………………… 36

- 各地に広がるイスラム教の世界 ……………… 38
- イスラム教の3つの帝国 ……………………… 40
- ヨーロッパの国々が進出する ………………… 42
- 第二次世界大戦以後の中東 …………………… 44
- 現代のイスラム教 ……………………………… 46
- イスラム教と文化 ……………………………… 48

第3章　欧米・中東の宗教の歴史

- 500年ごろまで ………………………………… 50
- 500〜1500年ごろ ……………………………… 52
- 1500年〜現在 …………………………………… 54

Belenos / Shutterstock.com

第1章 ヨーロッパとアメリカの宗教の歴史
文明の始まりと宗教

宗教は、人間が死後の世界を考えるようになったことでめばえたと言われます。やがて、各地で文明が生まれ、発達しました。宗教は、文明が生まれるのに、深く関わっていました。

死者が安らかに過ごすことを願う

人類は、約700万年前に誕生し、長い時間をかけて進化しました。やがて、石器などの道具やことばを使うようになりました。

約60万年前に現れたネアンデルタール人は、死者を花と共にうめていたことがわかっています。これは、かれらが、死者に別の世界で安らかに過ごしてほしいと願っていたことを示すと考えられます。

こうした考えは、宗教のもとと見ることができます。死後どうなるかを考えることから、宗教がめばえたと考えられています。

別の世界で安らかに！

自然をおそれ、うやまうことから宗教が生まれる

大昔の人間にとって、自然との関係は、現在よりずっと厳しいものでした。悪天候や寒さ、災害などで、すぐにうえや死と結びついたからです。宗教は、自然をおそれ、うやまう気持ちが、もとになったと考えられます。また、人間の力ではどうすることもできない自然現象を神と考えたのです。やがて、家が集まる集落をつくって、多くの人が暮らすようになると、神の声を伝えるとされる人が、集団を指導するようになりました。

宗教のめばえ

木や石など、自然にあるものを大切にし、神が宿っていると考える。

あらしや火山の噴火など、自然は人間の力がおよばないと考え、おそれる。

鏡など、貴重なものに不思議な力を感じて、大切に思う。

血のつながっている一族や、同じ集落で暮らす部族を守ってくれる神を信じる。

神の声を受けて、人々に伝える能力を持った人がいる。

神に食べ物などをそなえることで、神を喜ばせる。

第1章 ヨーロッパとアメリカの宗教の歴史

古代エジプトでの死の考え方

エジプトでは、約5000年前に、ナイル川のほとりに文明が生まれました。そのころは、王が神だと考えられていました。人々は、人間は死んでもたましいが死ぬことはなく、肉体が残っていればいつかたましいがもどり、永遠に生きることができると信じていました。そのため、王の死体はミイラとして保存されました。

いつかたましいがもどってくる

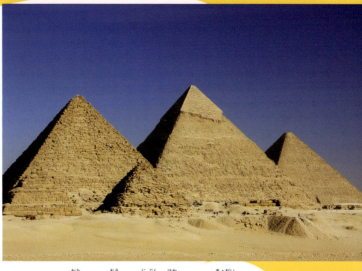

エジプトでは、神である王が、自分の墓として、巨大なピラミッドをつくらせたとされる。ピラミッドは、王の力の強さを示すものでもあった。
Don Mammoser / Shutterstock.com

多くの神々を信じた古代ギリシア

約3500年前には、ギリシアで文明が発達し、やがて、アテネやスパルタなどの都市国家ができました。
ギリシアでは、最高の神であるゼウスを始めとする多くの神を信じていました。神々は、人間と同じ姿をして、人間のような感情を持つと考えられていました。
都市国家には、神々をまつる神殿が建てられました。都市国家の間では、戦争がありましたが、4年に一度、ゼウスにささげる競技会がオリンピアで開かれました。この時は、戦争も一時中断しました。

アテネのパルテノン神殿。紀元前5世紀に、15年をかけて建てられた。
Ppicturesr / Shutterstock.com

古代ギリシアの競技会が、現在行われているオリンピックのもとになっているよ。

ギリシアを受けついだ古代ローマ

約3000年前、現在のイタリアにローマが建国され、やがて、地中海沿岸の広い範囲をしめる大国となりました。
ローマの人々は、ギリシア文化を取り入れ、多くの神々を信じていました。その神々は、ギリシア神話に登場する神々の名前を、ローマでの呼び方に変えたものでした。
ローマ神話では、おおかみに育てられたふたごの兄弟のひとりロムルスが、ローマの国をおこし、最初の王になったとされています。

おおかみに育てられたふたごのひとりがローマの王に

キリスト教が始まる

　約2000年前、中東のパレスチナで、イエスが、ユダヤ教をもとに新しい教えを説きました。その教えは弟子たちによって広められ、キリスト教という宗教となりました。

神と隣人への愛を説いたイエス

　イエスは、約2000年前、ローマの領土だった中東のパレスチナで生まれました。そのころのパレスチナでは、ユダヤ教という宗教が信じられていました。ユダヤ教の指導者たちは、ユダヤ教の決まりを守ることだけを重く考えていました。また、かれらは、ローマに協力して、苦しい生活を送るユダヤ人の声を聞こうとしませんでした。
　イエスは、神を愛すること、隣人を愛することが大切であると人々に説きました。やがて、ユダヤ人の民衆たちは、イエスを自分たちを救ってくれる救世主として、その教えに従うようになりました。

イエス様は、ユダヤ人を救ってくれる！

イエスの死と復活

　イエスの教えは、ユダヤ教の指導者にとって、都合の悪いものでした。かれらは、イエスをローマに従わない者としてうったえました。そのため、イエスは十字架にはりつけになって処刑されてしまいました。しかし、その後、イエスが弟子たちの前に姿を現したと言われるようになりました。「イエスは神の子であり、人間が生まれながらに持つ罪を、一身に背負って処刑されたが復活した。」これが、キリスト教の信仰の大もとになったとされます。

> イエスが処刑されたのは、紀元30年ごろとされている。

イエス様が復活した！

第1章 ヨーロッパとアメリカの宗教の歴史

弟子たちがイエスの教えを広める

イエスには、12人の弟子がいました。かれらは、イエスと共にその教えを説いていました。イエスは処刑された後に復活し、弟子たちの前に姿を現して、自分の教えを広めるように命じたと説かれています。

弟子のひとり、ペテロは、教会の指導者として教えを広めます。ペテロは、まだキリスト教を厳しく禁止していたローマへ行き、殺されてしまいます。その墓の上に建てられたのがサン・ピエトロ大聖堂で、ペテロは、最初のローマ教皇（法王）とされています。

ローマのバチカン市国にあるサン・ピエトロ大聖堂。現在のローマ教皇（法王）は、ここに住んでいる。
Fedor Selivanov / Shutterstock.com

キリスト教が広まるきっかけをつくったパウロ

イエスの教えを危険なものと考えていたユダヤ教徒の中に、パウロという人がいました。

ある時、パウロは、イエスの教えを説く弟子をとらえるために出かけました。そこで、復活したイエスの声を聞いたとされます。その後、パウロは、目が見えなくなってしまいました。しかし、あるキリスト教徒が祈ると、治ったそうです。これらをきっかけに、パウロは、ユダヤ教徒をやめ、キリスト教徒になったと伝えられています。キリスト教徒になったパウロは、各地を旅して熱心に教えを広めました。

パウロの伝道路
- 1回（45〜48年）
- 2回（49〜52年）
- 3回（53〜58年）
- 4回（58〜61年）

※第4回は、パウロがローマ帝国にとらえられ、ローマに送られた旅。ある程度の自由があり、キリスト教の教えを伝えたと考えられる。

パウロは、20年にわたって、現在のシリア、トルコなどから、ギリシア、ローマと、広い範囲を旅し、キリスト教の教えを説いて回りました。パウロは、キリスト教が発展していくもとを築いた人として、どの宗派の人からも尊敬されています。

神はどんな人でも平等に愛してくれるというキリスト教の教えは、多くの人に受け入れられるものでした。そのため、キリスト教は、短い間に広まっていきました。キリスト教のように、広い範囲で、さまざまな民族が信仰する宗教は、世界宗教と呼ばれます。

パウロ（画面下でたおれている人物）が天からの光に包まれ、イエスの声を聞く場面。パウロは、目が見えなくなってしまうが、キリスト教徒の祈りで治ったとされる。
AKG / PPS通信社

ローマで広まったキリスト教

ローマ帝国では、キリスト教は認められていませんでした。しかし、次第にキリスト教徒が増え、4世紀には、キリスト教以外の宗教は禁止されるまでになりました。

ローマ帝国でのキリスト教

キリスト教が広まっていったころ、地中海沿岸の広い地域をローマ帝国が支配していました。ローマ帝国では、多くの神々を信仰し、皇帝も神のひとりとされました。しかし、キリスト教は、唯一絶対（ただひとりで代わるものがない）の神を信じるため、キリスト教徒は、皇帝を神と考えず、国の祭りなどに参加しませんでした。そのため、キリスト教徒は、国に従わないとして、殺されることがありました。そこで、キリスト教徒たちは、かくれて信仰をしていました。

ローマ帝国の領土（100年ごろ）

キリスト教徒たちの地下の墓。カタコンベと言う。かくれて祈る場所でもあった。

キリスト教が認められる

ローマ帝国では、紀元1世紀から4世紀初めにかけて、キリスト教徒たちが、厳しい取りしまりを受けました。それでもキリスト教は、国じゅうに広まりました。このままでは、ローマ帝国が成り立たなくなるとおそれた皇帝は、しかたなくキリスト教を認めることにしました。

313年、皇帝の命令によって、ローマ帝国で、キリスト教を信じることが許されました。

キリスト教を信じてもよろしい

第1章 ヨーロッパとアメリカの宗教の歴史

ローマの国教になったキリスト教

ようやく認められたキリスト教は、その後、国の保護を受けるようになります。そして、392年には、キリスト教がローマ帝国の国教と定められます。国教とは、国の宗教という意味です。以前とはちがい、キリスト教以外の宗教は禁止され、厳しく取りしまられるようになりました。

ローマ帝国で禁止されていたキリスト教が、数百年の間に、国の宗教とされるまでになったのです。

ローマ帝国が東西に分かれる

強い力で広い地域を支配したローマ帝国でしたが、3世紀には、そのまとまりがゆらぎ出しました。そのため、各地で戦争が起こるようになったのです。

330年、ローマ帝国の首都が、ローマからコンスタンティノープル（現在のトルコのイスタンブール）にうつされ、キリスト教の中心となる教会が建てられました。

その後、ローマ帝国の混乱は激しくなり、395年に、ローマ帝国は東西に分裂しました。

東ローマ帝国と西ローマ帝国に分かれたんだよ。

東ローマ帝国と西ローマ帝国

会議で決められた〝正しい〟教え

4世紀ごろまでに、キリスト教の中で、イエスに関して対立する考え方が出てきました。イエスを神と同じと考えるアタナシウス派と、イエスを人間であるとするアリウス派との論争です。

325年に開かれたキリスト教の会議で、アタナシウス派が正しいとされ、アタナシウス派以外の宗派は、認められませんでした。

正しいとされた宗派から見て、そのほかの宗派は異端と呼ばれます。宗教の世界では、どちらが正しくどちらがまちがいかという論争が起こることは少なくありません。

9

東西に分かれた教会

ローマ帝国が分裂したことにより、キリスト教の教会も東西に分かれました。その後、東西の教会は、それぞれの道を歩むことになり、11世紀には、完全に分裂しました。

東方教会と西方教会に分かれる

東西に分かれたローマ帝国を、それぞれ、東ローマ帝国、西ローマ帝国と言います。東ローマ帝国は、首都であるコンスタンティノープルの教会をキリスト教の教会の中心と考え、ほかの教会に対して、いろいろな口出しをするようになりました。

いっぽうの西ローマ帝国には、ローマ教会という大きな教会があり、コンスタンティノープルの教会に反発しました。

東西の教会は、どちらも、自分たちこそキリスト教の教えを正しく受けついでいるとして、対立するようになります。

ゲルマン人に広がるキリスト教

4世紀後半、西ローマ帝国の領土に、ゲルマン人が移り住むようになり、476年に西ローマ帝国はほろぼされてしまいました。

ゲルマン人たちは、キリスト教を利用して国をまとめ、新しい国をつくりました。ゲルマン人の国王は、キリスト教徒となり、ローマ教会の司教から王の位を授けられました。そのため、司教のほうがゲルマン人の国王より上の立場になりました。

ビザンツ帝国が栄える

いっぽうの東ローマ帝国は、ビザンツ帝国とも呼ばれます。首都コンスタンティノープル（現在のトルコのイスタンブール）は、ヨーロッパ最大の貿易都市として栄えました。

コンスタンティノープルにあった教会は、東方正教会（またはギリシア正教会）と呼ばれます。ビザンツ帝国の皇帝は、東方正教会を支配し、政治と宗教の両方の最高権力者でした。

ビザンツ帝国は、1000年以上も続きましたが、東方から攻めこんできたイスラム教の国に領土をうばわれ、1453年に、イスラム教のオスマン帝国にほろぼされました（→40ページ）。

東方正教会のハギア＝ソフィア教会。キリスト教の聖堂として建てられたが、後にイスラム教のモスク（礼拝所）として使われた。 Toni Genes / Shutterstock.com

第1章 ヨーロッパとアメリカの宗教の歴史

ローマ・カトリック教会が力を強める

西のローマ教会は、6世紀末ごろから、ゲルマン人への布教に力を入れ、西ヨーロッパに勢力を広げました。ローマ教会の司教は、教皇として王に位をあたえる立場となり、権威（人々が自然にうやまい、従おうと思わせる力）が高まりました。教皇は法（キリスト教）の王という意味で、法王とも呼ばれます。

やがて、教皇を頂点として、大司教、司教、司祭などと聖職者に順位がついた組織ができました。この組織をローマ・カトリック教会と言います。ローマ教皇の力はさらに高まり、10世紀には、ドイツからイタリアを支配したオットー1世に皇帝の位をあたえて、神聖ローマ帝国をつくりました。後に神聖ローマ帝国の皇帝になったハインリヒ4世は、ローマ教皇に反発して破門（キリスト教徒であることを取り消されること）され、教皇にあやまってゆるされました。この事件（カノッサの屈辱）からわかるように、ローマ教皇の力は、皇帝より上だったのです。

ローマ教皇にわびるハインリヒ4世。　AKG／PPS通信社

東西の教会が完全に分裂する

神や聖人の姿を表した絵や像をおがむことを偶像崇拝と言います。もともとキリスト教は、偶像崇拝を禁じていました。しかし、次第にキリスト教徒の間で、イエスや聖母マリアなどの像に祈ることが一般的になっていました。

726年、東方正教会は、聖像を禁止する命令を出しました。しかし、ローマ・カトリック教会はそれに従いませんでした。ゲルマン人にキリスト教を広めるために聖像が必要だったからです。

このような対立もあって、次第に東西の教会の関係が悪くなっていきました。1054年に、それぞれが、相手を破門するという形で、完全に分裂したのです。

仲直りへの話し合い

1000年近く前の、東方正教会とローマ・カトリック教会の分裂の傷あとは、現在も残っています。

仲直りのきっかけは、1964年に訪れました。東方正教会を代表するギリシア正教会の総主教と、ローマ・カトリック教会の教皇が話し合い、その後おたがいの破門を取り消しました。

さらに、2016年2月には、東方正教会の最大勢力であるロシア正教会の総主教とローマ教皇が会い、話し合いをしました。

少しずつですが、仲直りへの動きが見られます。

話し合うロシア正教会の総主教（左）とローマ教皇（法王）（右）。　AFP＝時事

イスラム世界を攻める十字軍

11世紀の終わりから、イスラム教の国に支配されている聖地エルサレムをキリスト教徒の手に取りもどすために、ヨーロッパからエルサレムに向けて、十字軍と呼ばれる軍隊が送られました。

聖地を取りもどすために軍を送る

エルサレムには、イエスが処刑されたゴルゴタの丘に建てられた聖墳墓教会などがあり、キリスト教の聖地とされていました。しかし、エルサレムのある中東では、7世紀におこったイスラム教を信じる人々が増え、広い範囲を支配する国ができていました。

11世紀におこったイスラム教のセルジューク朝は、ビザンツ帝国の近くまで領土を広げていました。そのため、ビザンツ帝国の皇帝は、ローマ教皇（法王）に助けを求めました。1095年、ローマ教皇は宗教会議を開き、聖地を取りもどすことを呼びかけました。こうして、1096年に、キリスト教の兵士たちによる第1回十字軍が送られました。

7回も送られた十字軍

第1回十字軍は、1099年にエルサレムを占領し、エルサレム王国をつくりました。しかし、その後、イスラム教の国が勢いを盛り返したため、1270年までの間に、合計7回の十字軍が送られました。

十字軍は、もともと、聖地を取りもどすために送られたものでしたが、別の目的もありました。ローマ教皇には、東西の教会を統一しようというねらいがあり、兵士を率いて十字軍として実際にエルサレムに向かった領主たちは、領地を広げたり、ものをうばったりすることをねらっていました。

結局、十字軍は失敗に終わり、聖地を取りもどすことはできませんでした。

十字は、キリスト教のシンボルなんだよ。

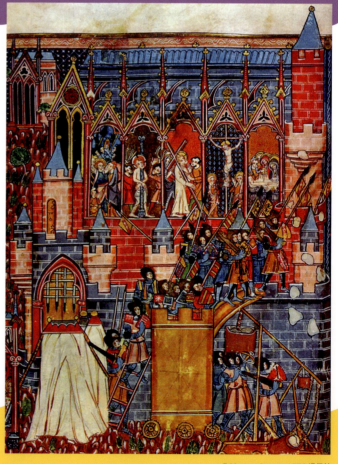

第1回十字軍で、エルサレムを攻めるキリスト教の兵士たち。

Bridgeman Images / PPS通信社

第1章 ヨーロッパとアメリカの宗教の歴史

十字軍で変わった西ヨーロッパ

十字軍は、聖地を取りもどすことはできませんでしたが、200年近くの間に、たびたび遠征したことで、西ヨーロッパを変えることになりました。

各国の国王や一般の人々は、ローマ教皇や教会をうやまい、従っていました。しかし、十字軍が失敗したことを見て、その気持ちは以前よりうすらぎました。また、自分たちの世界だけでなく、イスラム世界など、広い世界に目を向けることになったのです。

十字軍の進路
- 第1回(1096〜99年)
- 第3回(1189〜92年)
- 第4回(1202〜04年)
- 第6回(1248〜54年)
- 第7回(1270年)

教皇と国王の力の関係が変わる

十字軍が失敗に終わったことで、十字軍を送ることを呼びかけたローマ教皇の力が弱まった。逆に、遠征を指導した各国の国王の力は強くなった。

イタリアの都市が栄える

十字軍の兵士たちを送りこんだ、ヴェネツィア、ジェノバ、ピサなどのイタリアの都市は、そのおかげで栄えた。また、東の世界と、貿易を通じて交流が深まった。

東からの文化が入る

東と西の世界の間で、人やものの行き来がさかんになるにつれて、当時、西ヨーロッパより進んでいたビザンツ帝国やイスラム世界の文化や技術が伝えられた。

悲劇の少年十字軍

十字軍を後おししたのは、民衆たちの「聖地を取りもどしたい」という気持ちでした。

1212年には、フランスとドイツで、熱心なキリスト教徒である少年少女や貧しい人々が集まり、エルサレムに向かいました。これは、正式な十字軍と区別して、少年十字軍と呼ばれます。

かれらは、お金や食料がとぼしい中、聖地に向かいますが、途中で船が難破したり、どれいとして売られてしまったりといった悲劇に見まわれました。

新しい宗派の登場

長く民衆を支配してきたローマ・カトリック教会のやり方に対して、批判が起こるようになりました。そして、キリスト教に、プロテスタントという、新しい宗派が生まれました。

ローマ・カトリック教会への批判

十字軍の失敗で、ローマ教皇（法王）やローマ・カトリック教会の権威（人々が自然にうやまい、従おうと思わせる力）がおとろえ、国王の権威が強くなりました。

14世紀には、フランス国王が、ローマ教皇庁をローマから移し、教皇を支配下に置くこともありました。

また、人々が教会に従っているのをいいことに、教会は好き勝手なことをしているという批判がおこり、教会を変えようとする運動もおこりました。しかし、教会は、カトリックの教えにそむく者を厳しく罰しようとしました。

お金で罪がゆるされる？

16世紀初め、ローマ・カトリック教会では、しょくゆう状を発行していました。これは、お金を出して買うことによって、罪がゆるされ、その人が救われるというもので、免罪符とも呼ばれます。

キリスト教徒にとって、罪がゆるされることは、天国に行けるという意味があります。

例えば、ローマ教皇は、ローマのサン・ピエトロ大聖堂を建て直す資金にするために、大量のしょくゆう状を発行していました。

ルターが教会に反発する

ドイツのルターは、ローマ・カトリック教会のこのようなやり方をおかしいと考え、しょくゆう状を批判しました。そして、聖書の教えにもどることをうったえました。

そのため、ルターは、教皇から破門されますが、自分の考えを変えず、ドイツの領主にも守られて、新しい考えを次第に広めていきました。

ローマ・カトリック教会のやり方を改めようとするこの動きは、宗教改革と呼ばれます。

14

第1章 ヨーロッパとアメリカの宗教の歴史

神の救いは決まっているとしたカルヴァン

ルターに続き、フランスの神学者のカルヴァンもカトリック教会を批判し、宗教改革を進めました。カルヴァンは、人が救われるかどうかは、あらかじめ神によって決まっているという「予定説」を唱え、この考えは、商工業者に支持されました。カルヴァンの考えは、やがて、スイス、フランス、オランダ、イギリスなどに広まっていきました。

ルターやカルヴァンのように、それまでのカトリック教会のやり方を変えていこうとする人々は、プロテスタント（抗議する人）と呼ばれます。また、プロテスタントを新教、カトリックを旧教と言うこともあります。

国王のりこん問題から、イギリス国教会が独立

イギリス国教会の総本山、カンタベリー大聖堂。
ian woolcock / Shutterstock.com

イギリスでは、国王のヘンリ8世が、りこんをしたいと思ったのに、カトリック教会のローマ教皇は認めませんでした。そこで、国王は、りこんが認められるようにと、1534年に、イギリスの教会をカトリック教会から独立させ、自分がその長になりました。こうしてできたのが、イギリス国教会です。

イギリス国教会は、カルヴァンの考えを取り入れていますが、儀式などではカトリックに似た点もあります。イギリスでカルヴァンの考えをさらに進めようとする人々は、ピューリタン（清教徒）と呼ばれます。

イギリスの教会は、ローマ教皇ではなく、国王に従うことになったんだ。

魔女とされた人々

カトリック教会への批判が高まる中、カトリック教会は、カトリックの教えを守らない人々を罰しようとしました。そのひとつが、魔女狩りです。悪魔の手先として魔術を使うと、教会が決めつけた人々が火あぶりなどにされました。魔女狩りが最も多かったのは、宗教改革によって、社会がゆれていた16～17世紀です。

魔女とされたのは、女性だけではなく、男性もふくまれていました。

魔女と見なされて、火あぶりにされる人。

Everett Historical / Shutterstock.com

世界へ広がるキリスト教

ヨーロッパで宗教改革が進むいっぽうで、カトリック教会内部での改革も起こりました。そして結成されたイエズス会の宣教師たちは、アジアやアメリカ大陸に進出し、キリスト教の布教をしました。

カトリック教会内部での動き

宗教改革が進むころ、カトリック教会でも、内部から改革をして、勢力を広げようとする動きがおこりました。

1534年、スペインのイグナティウス＝ロヨラとフランシスコ＝ザビエルらが、カトリックの教えを広めるイエズス会を結成しました。かれらは、宣教師として、ヨーロッパ各地のほか、中央・南アメリカやアジアへも出かけて、カトリックの教えを広めました。宗教の教えを広めることは、布教と呼ばれます。

ザビエルは、インド、日本、中国などを訪れ、布教活動を行いました。

大航海時代の始まり

ポルトガルやスペインは、15世紀から、アジアの金や香辛料（コショウなど）を求め、船で遠くに出かけるようになりました。

かれらは、やがてアジアやアメリカ大陸へ航海するようになります。15世紀中期から17世紀にかけては、大航海時代と呼ばれます。大航海時代は、キリスト教が、ヨーロッパからアジアやアメリカ大陸に広まった時代でもありました。

イスラム勢力を追い出す

ヨーロッパの西にあるイベリア半島には、8世紀初めからイスラム教徒の国が支配していました（→37ページ）。キリスト教徒は、失った領土を取り返そうと戦いを続け、1492年までに、イベリア半島を取りもどしました。イベリア半島のスペインとポルトガルは、積極的に海外に進出するようになりました。

第1章 ヨーロッパとアメリカの宗教の歴史

中央・南アメリカへ伝わったキリスト教

ヨーロッパからアジアに行くには、アフリカの南を回っていましたが、西に向かうほうが早いだろうと考えた人たちがいました。かれらが着いたのは、ヨーロッパには知られていなかったアメリカ大陸でした。

中央アメリカや南アメリカには、先住民の国がありましたが、スペインが送った軍隊によってほろぼされてしまいました。

中央アメリカや南アメリカには、スペインやポルトガルの植民地がつくられました。植民地とは、ほかの国に占領された地域を言います。

中央・南アメリカの植民地には、ヨーロッパの宣教師が訪れ、キリスト教を伝えました。

ペルーにあるラ・コンパニーア・デ・ヘスス教会。イエズス会の教会。
Papa Bravo/ Shutterstock.com

アジアへ伝わったキリスト教

カトリックの教えを広めるイエズス会は、インド、東南アジア、中国、日本などに宣教師を送り、布教を進めました。

ポルトガルは、インドのゴアや中国のマカオなどを植民地とし、アジア進出の足がかりとしました。

イエズス会の宣教師のひとり、ザビエルは、インドの後、戦国時代の日本にわたり、キリスト教を広めました。

こうして、アジア各地にもキリスト教が伝えられました。

フィリピンの教会。フィリピンは、16世紀半ばにスペインの植民地となり、キリスト教を信仰する人々が増えた。
saiko3p/ Shutterstock.com

キリスト教を利用して植民地に

スペインやポルトガルは、中央・南アメリカやアジアに、まず宣教師を送りました。そして、先住民をキリスト教徒とします。すると、先住民たちは、ヨーロッパの文化や考え方を理解し、ヨーロッパ人とのコミュニケーションが進みます。次に、貿易をすることでおたがいにもうけます。

このようにしてつながりを深めた上で、その地域を占領し、植民地とします。キリスト教が、植民地をつくるために利用されていたのです。

布教 → 貿易 → 植民地にする

宗教戦争が起こる

16世紀から17世紀前半のヨーロッパでは、宗教改革によるカトリック（旧教）とプロテスタント（新教）の対立が激しくなり、各地で宗教をめぐる争いが起こりました。

フランスのユグノー戦争

フランスは、旧教の国でしたが、16世紀半ばに、カルヴァンの教えを信じるユグノーと呼ばれる新教徒の勢力がのびてきました。旧教徒と新教徒の対立は、大きな内乱となって、30年以上（1562〜1598年）も続きました。これをユグノー戦争と言います。1589年に国王になったアンリ4世は、新教徒でしたが、旧教に改め、新教徒にも信仰の自由をあたえることで、長い戦争を終わらせました。

サンバルテルミという祝日に、パリで起こった事件だよ。

サンバルテルミの虐殺のようす。ユグノー戦争のさなかの1572年に、旧教徒が新教徒約4000人を殺した。

Bridgeman Images / PPS通信社

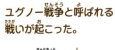

フランスは、旧教の勢力が強かったが、16世紀半ばに、新教徒（ユグノー）の勢力がのびてきた。

ユグノー戦争と呼ばれる戦いが起こった。

そのさなかに、大勢の新教徒が殺されるという大事件が起こった。

やがて外国も口を出すようになり、戦争は続いた。

フランス国王のアンリ4世は、新教徒だったが、

このままでは国がほろびる。

旧教に改め…。

新教徒にも自由をあたえる！

ナントの勅令

36年にもおよぶ戦争は、ようやく終わった。

仲よくしよう　平和だ！

第1章 ヨーロッパとアメリカの宗教の歴史

オランダの独立戦争

現在のオランダとベルギーを中心とする地域は、ネーデルラントと呼ばれ、船による貿易がさかんでした。

ネーデルラントは新教徒が多かったのですが、16世紀半ばに旧教国のスペインが支配するようになりました。スペインは、新教徒に旧教を信じるように命じました。新教徒たちは、これに反発して力を合わせて戦い、ついにスペインから独立しました。こうしてできたのが、オランダ（ネーデルラント連邦共和国）で、17世紀にはアジアへも進出しました。

オランダ独立戦争。新教徒たちが団結して独立を勝ち取った。

UIG / PPS通信社

ヨーロッパを巻きこんだ三十年戦争

神聖ローマ帝国（→11ページ）には、たくさんの国がありました。そのうちのひとつ、オーストリアの領土だったベーメン（ボヘミア、現在のチェコ中・西部）で、新教徒が旧教を信じることを命じられたことをきっかけに、1618年に多くの国々を巻きこむ戦争が起こりました。

この戦争は、初めは宗教の対立でしたが、やがて各国の勢力争いへと変わっていきました。1648年まで続いたことから、三十年戦争と呼ばれています。

旧教側：ローマ教皇（法王）／神聖ローマ帝国　オーストリア（ハプスブルク家）／スペイン（ハプスブルク家）／ポルトガル

新教側：スウェーデン／デンマーク／イギリス／オランダ

旧教国だけど…フランス

17世紀のヨーロッパは、カトリックを信仰するハプスブルク家という一族出身の国王が治める国が多くあった。オーストリアもそのひとつ。

デンマーク／イギリス／ポルトガル／神聖ローマ帝国／ベーメン／フランス／オーストリア／スペイン／ナポリ王国（スペインの領土）

1618年、ベーメン（ボヘミア、現在のチェコ中・西部）で、新教徒が旧教を信仰することを命じられた。

ギョッ！／もうがまんならん！／反乱だ！

旧教徒　新教徒

これをきっかけに、ヨーロッパの多くの国を巻きこむ大戦争になった。

これは、宗教の対立がきっかけで起こった初めての国際戦争だった。

ハプスブルク家（オーストリア、スペインなど）

ハプスブルク家は気に食わん。

フランス

旧教国なのに、ハプスブルク家と対立して新教側につく。

戦争は30年にもおよび、1648年にようやく終わった。

みんなへとへと

アメリカにわたった宗教

イギリスでは、新教徒のピューリタンたちが、イギリス国教会に反発して、おさえつけられていました。ピューリタンの一部は、北アメリカにわたり、やがて、アメリカ合衆国が建国されました。

イギリスのピューリタン

イギリスには、カルヴァン（→15ページ）の教えをさらに進める立場のピューリタン（清教徒）という人たちがいました。カトリックから独立したイギリス国教会（→15ページ）は新教でしたが、旧教に似たやり方もありました。そのため、ピューリタンたちは、カルヴァンの教えにもっと沿ったやり方にしたいという不満を持っていました。

17世紀になると、国王は、イギリス国教会の制度に従わないピューリタンの聖職者を追放するようになりました。

不満を持つピューリタンたち

イギリス国教会

イギリスからアメリカにわたった人々

プリマスに上陸したピルグリム＝ファーザーズ。
AKG / PPS通信社

16世紀末ごろ、イギリスは、海外へ進出し始め、北アメリカにも植民地をつくっていました。

一部のピューリタンは、信仰の自由を求めて、北アメリカの植民地に移住しました。かれらは、1620年、メイフラワー号という船に乗って、北アメリカのプリマスに上陸しました。

かれらは、ピルグリム＝ファーザーズと呼ばれ、かれらが築いた植民地が、後のアメリカ合衆国のもとになりました。

イギリスからアメリカまで、約2か月かかってわたったんだ。

アメリカ合衆国の建国

ピルグリム＝ファーザーズに続き、キリスト教のさまざまな宗派の人々が北アメリカにわたりました。18世紀には、北アメリカの大西洋岸に、イギリスの13の植民地がつくられました。

18世紀後半になると、イギリスは、この植民地に対して自由をおさえ、税金を増やしたりしたため、植民地の人々は、独立をめざしました。独立戦争の結果、アメリカ合衆国として独立しました。この時は、いろいろな宗派の人がいたため、どれかひとつの宗派を国の宗教とするとは定められませんでした。

ワシントン（初代大統領）　ジェファソン（第3代大統領）

イギリス

アメリカ

第1章 ヨーロッパとアメリカの宗教の歴史

政治と宗教を分ける

アメリカ合衆国が独立すると、憲法がつくられました。その憲法では宗教にふれられていませんが、その後、次の一文がつけ加えられました。

それは、「合衆国議会は、国教を樹立、または宗教上の行為を自由に行うことを禁止する法律を制定してはならない」。つまり、国としての宗教は認めず、政治と宗教を分けること、どの宗教や宗派を信じることも自由であることを認めています。

ただし、アメリカという国が、キリスト教徒によってつくられたことは事実であり、今でも多くの人が神やイエスを信じています。アメリカの大統領の就任式で、大統領が聖書に手を置いて宣誓することにも、キリスト教が大事にされていることがうかがえます。

就任式で、聖書に手を置いて宣誓するトランプ大統領（2017年1月）。
AVALON / PPS通信社

さまざまな宗派の人々

アメリカ国民の約80％がキリスト教を信じ、プロテスタントが多くいます。その宗派はひとつではなく、バプティスト、メソジスト、ルーテル、モルモン、クエーカーなど、さまざまな宗派があります。

また、いろいろな国からの移民を受け入れてきたため、カトリックの人々もいます。さらに、イスラム教やユダヤ教、仏教など、キリスト教以外の宗教を信じる人もいます。

現在のアメリカでは、さまざまな宗教を信じる人を認め、おたがいの宗教を尊重しようとする考えがいきわたっています。

ピルグリム＝ファーザーズの苦労を思い出す感謝祭

ピルグリム＝ファーザーズたちがアメリカに上陸したのは、11月のことでした。厳しい冬に向かう時期で、収穫が少なく、何人もの人が死んでしまいました。

そして、翌年の秋、ようやく収穫があり、かれらはそれを神に感謝し、先住民をまねいてお祝いの会を開きました。これが、現在もアメリカで、11月の第4木曜日に行われている感謝祭の始まりになったとされています。

感謝祭の日は、家族で七面鳥の丸焼きなどのごちそうを食べ、ピルグリム＝ファーザーズの苦労をしのぶ習慣があります。

感謝祭の日は、七面鳥の丸焼きなどを食べる。
Rawpixel.com / Shutterstock.com

宗教をめぐる争い

ヨーロッパでは、現在にいたるまで、たびたび宗教をめぐる争いが起こってきました。国と国の戦争や、国の中での内乱など、さまざまな争いがあり、現在も解決されていない問題もあります。

ソ連の誕生とロシア正教会

20世紀初め、ロシア帝国では、労働者や民衆たちが革命運動を起こし、皇帝をたおしました。この革命でできたのが、ソビエト社会主義共和国連邦（ソ連）でした。

ソ連は、世界初の社会主義の国で、工場や農場などを社会みんなのものとして管理し、国民が平等なくらしができる国をめざしました。社会主義は、宗教を、人々をまどわす非科学的なものとして否定しました。

ロシアには、キリスト教の東方正教会のひとつ、ロシア正教会の信者が大勢いましたが、ソ連ができると、聖堂がこわされたり、聖職者や信者が殺されたりする事件がたびたび起こりました。

1931年に爆破されたロシア正教会の大聖堂。

バチカン市国の誕生

宗教改革や宗教戦争のため、ローマ教皇（法王）を中心とするローマ・カトリック教会の力は、次第に弱くなっていました。ローマ教皇が支配する領土は、18世紀末から19世紀初めには、フランスに組み入れられた時期もありました。

イタリアは、小さな国に分かれていましたが、19世紀後半に、統一に向けた動きがおこりました。1861年にできたイタリア王国は、1870年にローマ教皇領を占領してイタリアを統一しました。その後、イタリア政府とローマ教皇庁（ローマ・カトリック教会）は対立していましたが、1929年に仲直りし、教皇庁が独立しました。これが現在のバチカン市国です。

バチカン市国は、世界で最も面積が小さく、人口1000ほどの国ですが、世界中のカトリック信者の中心なのです。

サン・ピエトロ大聖堂とその周辺が、バチカン市国の領土。
Drop of Light/ Shutterstock.com

バチカン市国を守る兵士は、スイスの兵士たちだ。
luckyraccoon/ Shutterstock.com

バチカン市国は、イタリアのローマ市内にあるよ。

第1章 ヨーロッパとアメリカの宗教の歴史

北アイルランドでの争い

アイルランドは、17世紀半ばにイギリスに征服され、1801年に正式にイギリスに組み入れられました。

アイルランドの住民はカトリックの信徒が多く、プロテスタントのイギリスに支配されて、苦しい生活を送っていました。

20世紀初めごろから独立運動がさかんになり、1922年にアイルランド自由国として独立しました。ただし、この時、北部の地域（北アイルランド）は、プロテスタントが多く、イギリスに残りました。

北アイルランドでは、カトリックの住民がプロテスタントに差別されていたため、1960年代から、暴動やテロが起こるようになりました。この争いは長く続き、1998年に対立していた勢力が仲直りしました。2007年から、カトリック系とプロテスタント系の政党の自治政府が政治を行っています。

カトリックとプロテスタントが対立

イギリスはプロテスタントの味方

アイルランドはカトリックの味方

キプロスでの対立

ギリシア
キプロス
トルコ
トルコ系
ギリシア系

トルコとギリシアの対立が関係

地中海東部にあるキプロス島は、16世紀に、イスラム教のオスマン帝国の領土となり、19世紀後半にイギリスが支配するようになりました。島には、イスラム教徒の多いトルコ系住民と、キリスト教のギリシア正教を信仰する人の多いギリシア系住民が住んでいました。

1960年にキプロス共和国として独立しましたが、1974年にクーデタが起こると、トルコが軍隊を送って、1983年に北部を北キプロス＝トルコ共和国として独立させました。それ以来、トルコ系住民の北部と、ギリシア系住民の南部に分かれたままです。それぞれ、トルコとギリシアが関係していることもあり、南北の対立は続いたままです。

旧ユーゴスラビアでの争い

地中海に面したバルカン半島は、昔から争いが多い地域でした。中でも、1918年にできた旧ユーゴスラビアは、1990年代に内戦が続き、国はあれはててしまいました。

内戦の原因は、ユーゴスラビアが6つの共和国、5つの民族、4つの言語、3つの宗教から成り立っていたことにありました。特に宗教のちがいから、カトリック、東方正教会のセルビア正教、イスラム教の信者たちの争いが続きました。その結果、2006年までに、各民族はそれぞれの国として独立し、旧ユーゴスラビアはなくなってしまいました。

セルビア正教
カトリック
イスラム教

3つの宗教の信者が争った

23

現代のキリスト教

現在、ヨーロッパやアメリカには、キリスト教を信じる人々がたくさんいます。世の中の変化に合わせてキリスト教も変わってきていると言われるいっぽう、守り続けていることもあります。

資本主義を進めたプロテスタント

ヨーロッパの多くの国々やアメリカ、日本などは、資本主義国と言われます。資本主義とは、土地や工場などを持つ資本家が、労働者をやとい、商品を生産して利益を得るしくみです。資本主義は、18世紀の半ばにイギリスに始まった産業革命で工業が発達するとともに確立されました。実は、この資本主義を進めたのは、プロテスタントだと言われています。宗教革命の先がけとなったカルヴァンは、人が救われるかどうかは、あらかじめ決まっていると説きました。信仰心を持ってまじめに働く人は、神が救おうとしている人だと考えられ、多くの人はそうなりたいと考えます。すると、一生けん命働き、利益を得るようになります。これが資本主義を発展させることになったというのです。

アメリカのキリスト教原理主義者

アメリカには、キリスト教原理主義者と呼ばれる人がいます。これは、聖書に書かれていることはすべて真実だと見なす人のことです。

例えば、あらゆる生き物は進化し、人間も別の生き物から変わってきたとする「進化論」は、科学的に正しいとされ、多くの人が認めています。しかし、聖書には、人間は神がつくったもので、最初にアダムとイブがつくられたと書いてあります。そのため、キリスト教原理主義者は、学校で「進化論」を教えることに反対しています。

こうした人々は、さまざまな社会問題に、聖書に書かれていることが正しいとうったえています。

キリスト教を信じる人々

　キリスト教は、現代の世界で、最も多くの人が信じている宗教です。カトリック、プロテスタント、東方正教会と大きく3つの宗派があり、その中でもさらにいくつもの宗派に分かれていますが、全体に共通する儀式や行事はたくさんあります。
　また、キリスト教の教えに基づく共通した考え方や習慣も見られます。

礼拝。神のめぐみに感謝して、祈る儀式。教会で、決まった形式で行われ、聖歌（讃美歌）を歌うことが多い。

Zvonimir Atletic / Shutterstock.com

洗礼。キリスト教に入る時に行う儀式。体を水にひたしたり、頭に水を注いだりする。キリスト教徒の多い国では、生まれて間もない時期に行われることが多い。

Nataliia Budianska / Shutterstock.com

結婚式。教会で行われる。聖書の一節を読み上げたり、新郎新婦がちかいのことばを述べたりする。

MNStudio / Shutterstock.com

クリスマス。12月25日に、イエスの誕生を祝って行われる行事。国によって、お祝いのしかたにはちがいがある。

Sergey Kelin / Shutterstock.com

聖書には、神はやみから光を生み、天や海、太陽、そして、あらゆる生き物をつくったと書いてある。6日目までにこの世界をつくり、7日目に休息したとされる。1週間の7日目を休日とするのは、キリスト教の教えに基づいている。

イエスは、神への愛を説くと共に、他人への愛をも説いた。これは、見返りを求めない愛だった。キリスト教徒の間で、チャリティーやボランティアの活動がさかんなのは、他人を愛するという精神に基づいている。

聖書には、最初の人間であるアダムとイブが神の言いつけを守らず、罪を負ったと書かれている。人間はだれもが罪を負っているが、イエスは身代わりになって処刑されたのであり、イエスに感謝しなければならないと考える。

キリスト教と文化

ヨーロッパやアメリカを中心に信仰されてきたキリスト教は、文化にも大きなえいきょうをあたえてきました。美術、建築、文学など、さまざまな分野で、キリスト教のえいきょうが見られます。

美術の題材になったキリスト教

3世紀ごろまでは、神やイエスを絵や像で表すことは禁じられていました。そのため、イエスが太陽や羊などで表されることがありました。その後、キリスト教の教えを広めるために、聖書の場面などをえがくようになりました。キリスト教は、絵や像の最も重要な題材でした。

教会では、神やイエスをたたえる音楽が演奏され、聖歌（讃美歌）が歌われました。

イエスを羊飼いとして表した絵。5世紀前半にえがかれたモザイク画。
Bridgeman Images / PPS通信社

キリスト教の教会で、礼拝の時には、聖歌隊が聖歌（讃美歌）を歌う。

写真／船橋バプテスト教会

モザイク画は、小さいタイルなどをたくさん使ってえがく絵だよ。

教会が代表する建築

礼拝をする場所として教会が建てられ、時代と共に、さまざまな形式が生まれました。建築だけでなく、壁画やちょうこく、ステンドグラスなどで、教会がかざられました。これらの建築は、神をたたえ、信仰心があついことを示すものでした。

ドイツのケルン大聖堂。13世紀から建設が始まった。ゴシック様式を代表する建築で、高い塔があるのが特ちょう。
dedi57 / Shutterstock.com

イタリアのピサ大聖堂。1063年から建設された。ロマネスク様式という形式。右はピサの斜塔。
Lee Yiu Tung / Shutterstock.com

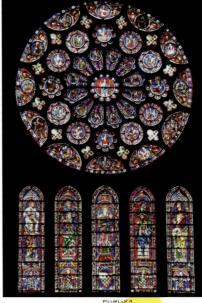

フランスのシャルトル大聖堂にあるステンドグラス。12～13世紀につくられた。聖書の場面がえがかれている。
jorisvo / Shutterstock.com

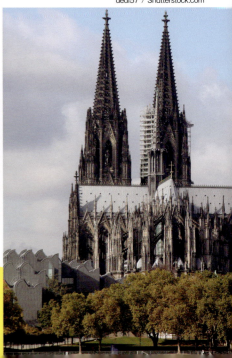

第1章 ヨーロッパとアメリカの宗教の歴史

祈り、働く修道院の生活

修道院は、一般のくらしをはなれ、キリスト教の信仰を深める修行の場です。家族と別れ、結婚もしないで苦しい修行をする修道士は、4世紀ごろに現れたとされています。

修道士たちは、自分たちで働き、食べるものを育てていました。それまでは、どれいの仕事とされていた農業などの労働を修道士がしたことから、労働が価値のあるものという考え方に変わりました。

12～13世紀には、修道院の修道士が先頭に立ってあれ地を切り開いたことで、農地が広がりました。

イタリアのパドゥーラ修道院。
Massimiliano Marino / Shutterstock.com

神学が最高の学問

キリスト教の力が強かったヨーロッパでは、キリスト教の信仰や教えを研究する神学が発達しました。聖職者は学者でもあり、当時の学問の世界での共通語だったラテン語を使って神学を教えていました。

12世紀ごろには、都市に大学がつくられました。大学は、教会に付属するもので、神学、法学、医学を中心に教えていました。1088年にイタリアのボローニャ大学、12世紀中ごろにフランスのパリ大学、12世紀後半にイギリスのオックスフォード大学ができました。これらは、世界の有名大学として、現在まで続いています。

1350年代の大学のようす。世界で最も古いボローニャ大学（イタリア）。教授のいる場所は権威を表している。
Alamy / PPS通信社

生活に息づくキリスト教

人々の風習や習慣にもキリスト教に関係したもの、キリスト教がもとになったものが見られます。ヨーロッパやアメリカの多くの人にとって、くらしのいろいろなことに、キリスト教が関わっているのです。

食事の前に、家族が手をつないで祈ることもある。
Monkey Business Images / Shutterstock.com

クリスマスに行われる劇。
写真／Sascha Klinger

27

第2章 中東の宗教の歴史
ユダヤ教が始まる

　ユダヤ教は、今もある宗教の中で最も古い宗教のひとつです。紀元前20世紀という大昔、中東のパレスチナ地方で、ユダヤ教の大もとが形づくられたと考えられています。

大こう水とノアの方舟伝説

　ユダヤ教は、ユダヤ人が信仰している宗教です。まず、『旧約聖書』（ユダヤ教では『ヘブライ語聖書』）に書かれているユダヤ人の歴史をたどってみます。
　神は世界をつくり、人間をつくりました。しかし、やがて人間は神を信じなくなり、勝手な行いをするようになりました。そこで、神は、大こう水を起こして、地上の生き物をほろぼそうとします。しかし、この時、神を信じていたノアとその家族だけは助けようと考え、方舟をつくらせます。ノアは、方舟をつくり、自分の家族とあらゆる動物をひとつがいずつ乗せて生きのびます。これが、ノアの方舟の伝説です。

大こう水を生きのびるのだ！

パレスチナからエジプトへ

　ノアの子孫のアブラムは、ヘブライ人をまとめる族長でした。アブラムは、ある日、神ヤハウェが「カナンへ行け」と言う声を聞きました。カナンとは、現在のパレスチナのことです。アブラムたちがカナンに着くと、神は、「この地を、おまえの子孫に永遠にあたえよう」と言います。アブラムは、この後はアブラハムと名乗ることにしました。
　これが、紀元前20世紀ごろに行われた「アブラハムと神との契約」とされ、ユダヤ教の大もとになりました。また、アブラハムは、ユダヤ（ヘブライ）人とアラブ人の祖先とされますが、実際にいた人物かどうかは、はっきりしません。
　紀元前13世紀ごろになると、ヘブライ人の一部がエジプトに移住しましたが、どれいとして苦しむことになりました。

28

第2章 中東の宗教の歴史

モーセが神と契約する

エジプトで苦しむヘブライ人たちは、モーセを指導者として、エジプトを脱出しました。ヘブライ人たちがめざしたのは、神によって約束されたカナンの地でした。

その途中、海を前にしてエジプトの軍がせまりましたが、モーセが神の言うとおりに手をかざすと、海がふたつに割れて道ができたという伝説もあります。

モーセたちは、シナイ山に着きました。モーセは、シナイ山に登り、そこで、神と10の契約をしたとされます。これを、「モーセの十戒」と言います。モーセと神との契約によって、ユダヤ教の基礎ができたとされています。

ユダヤ人とは、ユダヤ教を信じる人のことなんだ。

神との契約がユダヤ教の基礎に

カナンにもどるヘブライ人

モーセたちがカナンの近くにもどる

モーセたちは、長い苦労の末に、ようやくカナンの近くにたどり着きました。ヨルダン川をこえて、カナンのはしにあったイェリコで、そこの住民との戦いに勝って、カナンに入りました。しかし、モーセはヨルダン川をわたる前に、ネボ山に登って亡くなったとされます。

カナンにもどったヘブライ人たちは、イスラエル王国をつくりました。「イスラエル」とは、神にあたえられた名前とされ、かれらは自分たちをイスラエル人と呼んでいました。

ノアの方舟は本当の話？

『旧約聖書』には、ノアがつくった方舟は、長さ約134m、はば約22m、高さ約13mで、大こう水が終わった後、方舟はアララト山にあったと書かれています。アララト山は、現在のトルコ東部にあり、これまでに、方舟の残がいのようなものが見つかったという話もあります。

そのため、大こう水やノアの方舟が、本当にあったと考える人もいます。

トルコのアララト山。高さ5165mの火山。

Matej Hudovernik / Shutterstock.com

イスラエルの建国と滅亡

ユダヤ（ヘブライ）人は、パレスチナにイスラエル王国をつくりましたが、その後分裂してしまいます。かれらは、苦しい歴史をたどり、紀元1〜2世紀に、世界各地に散り散りになってしまいます。

ソロモン王がユダヤ教の神殿を建てる

ヘブライ人たちがつくったイスラエル王国は、紀元前1000年ごろから、ダヴィデ王やソロモン王の下で栄えました。

ソロモン王は、たいへん知恵深い王だったとされ、エルサレムを支配して、ユダヤ教の立派な神殿を建てました。

ところが、国民に対する税が重く、不満を持つ者もいたことなどから、ソロモン王が死ぬと、北のイスラエル王国と、南のユダ王国に分かれてしまいます。

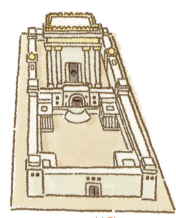

エルサレム神殿　　　ソロモン王

バビロンにとらわれる

北のイスラエル王国は、紀元前722年にアッシリア（現在のイラク）に攻めほろぼされました。いっぽう、南のユダ王国は、紀元前586年に新バビロニア（現在のイラク・シリア）に支配されます。ソロモン王が建てた立派な神殿は、この時にこわされ、多くのヘブライ人が、新バビロニアの首都バビロンに連れていかれました。これを「バビロン捕囚」と言います。捕囚とは、とらえられることです。

ヘブライ人たちは、約50年間バビロンにとらわれていましたが、新バビロニアがペルシアにほろぼされたために、紀元前538年に、パレスチナに帰ることができました。

バビロンは、現在のイラクの砂ばく地帯にあったよ。

イスラエル王国は、北のイスラエル王国と、南のユダ王国に分かれた。

イスラエル王国　ユダ王国

イスラエル王国は、アッシリアにほろぼされる。

アッシリア

また、ユダ王国は、新バビロニアにほろぼされる。

ユダ王国　新バビロニア

連れていけ！　バビロンへ！

新バビロニア　ヘブライ（ユダヤ）人

しかし、新バビロニアは、ペルシアにほろぼされる。

新バビロニア　ペルシア

帰れるぞ！　助かった！

ヘブライ（ユダヤ）人

第2章 中東の宗教の歴史

ローマ帝国にほろぼされる

バビロン捕囚のころから、ヘブライ人は、ユダヤ人と呼ばれるようになります。

ユダヤ人たちは、エルサレムの神殿を建て直し、宗教としてのユダヤ教が、はっきりしたものになりました。

その後、エルサレムは、エジプトやシリアなどの国に支配され、紀元6年には、ローマ帝国に支配されるようになります。

紀元66～70年と132～135年に、ユダヤ人たちは、ローマ帝国に対して反乱を起こしましたがどちらも敗れ、エルサレムの神殿がこわされてしまいます。

神ヤハウェを信じるユダヤ人

神ヤハウェ
ほかの民族は救われない
ユダヤ人

ユダヤ人たちは、唯一の神ヤハウェを信仰します。神は、あらゆることが可能であり、特別にユダヤ人を選び、救ってくれるとしています。このように、神に選ばれた民族だと考えることを、選民思想と言います。そして、いつか、自分たちを救ってくれる救世主（メシア）が現れることを待ち望んだのです。

選民思想によって、ユダヤ人の団結は深まりました。

各地に散らばるユダヤ人

ローマ帝国への反乱に敗れたユダヤ人は、パレスチナをはなれ、ヨーロッパ、中東、北アフリカなどに散り散りになりました。その後2000年近くユダヤ人の国をつくることも、まとまって暮らすこともできませんでした。

しかし、そのような状況にあっても、かれらは、神に選ばれた民族と信じ、ユダヤ教の教えを守り続けました。そのため、ほかの民族から、追い出されたり、差別を受けたりしました。

例えば、シェークスピアの『ベニスの商人』で、悪い金貸しとしてユダヤ人が登場するのも、ユダヤ人が差別されていたことを物語っています。

『ベニスの商人』に、悪いユダヤ人が登場

イスラム教が始まる

中東では、7世紀にアラビア半島にいたムハンマドがイスラム教をおこし、アラビア半島を支配しました。イスラム教は、政治、社会、文化にわたる宗教として、信者を増やしていきました。

商業で栄えたアラビア半島西部

6世紀ごろの中東では、多くの神を信じる多神教が信じられていたほか、ユダヤ教やキリスト教も信仰されていました。

このころ、アラビア半島の北には、ササン朝ペルシアとビザンツ帝国という2つの大きな国があり、戦いをくり返していました。そのため、商人たちは、この地域をさけ、アラビア半島の西側の陸や海を通るようになりました。

アラビア半島の西のメッカ(現在のサウジアラビア)は、商人たちが集まり、貿易で栄えました。

600年ごろのアラビア半島周辺

イスラム教の始まり

570年ごろにメッカで生まれたムハンマドは、商人としておだやかなくらしをしていました。610年、ムハンマドが40歳の時、神アッラーのことばを聞いたとされます。ムハンマドは、自分を神のことばを預かる預言者だとして、アッラーを唯一の神とする教えを説きました。これがイスラム教の始まりです。

イスラム教の教えは、政治、社会、文化のすべての基本になるものです。また、ムハンマドが預かったとされる神のことばは、『クルアーン(コーラン)』という本にまとめられ、イスラム教の聖典となりました。

唯一の神アッラーを信じる

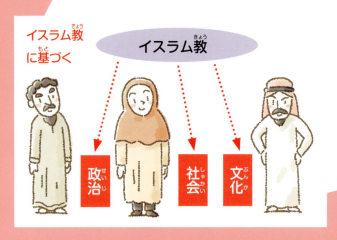
イスラム教に基づく　イスラム教　政治　社会　文化

聖典としてうやまう　神の言葉　『クルアーン』

第2章 中東の宗教の歴史

メディナに移る

　ムハンマドの教えは、神の前ではみな平等であることや、一部の人だけが豊かになるのはおかしいとするものでした。そのため、貧しい人々や若者に受け入れられました。しかし、メッカの大商人たちは、ムハンマドの教えを受け入れず、対立します。

　622年、ムハンマドは、信者といっしょに、メッカの北のメディナに移ります。ムハンマドは、この地で、信者と共に、ウンマと呼ばれる共同体をつくりました。

メディナは、現在のサウジアラビアにあるよ。

現在のメディナ。イスラム教の聖地のひとつで、「預言者のモスク」（写真中央）がある。
zukyothman / Shutterstock.com

メッカを征服

　ムハンマドは、次第に勢力をのばしていきました。そして、メッカの勢力と何回か戦った後の630年に、メッカを征服しました。この時は、血を流すことなく、メッカに入りました。

　ムハンマドは、メッカのカーバ神殿にあった神々の像をこわし、ここをイスラム教の神殿と定めました。像をこわしたのは、神には姿もないことから、神の姿を表すものをおがむのは、本当に神をうやまっていることにならないとする考えからです。

　その後、ムハンマドはアラビア半島を統一し、632年に亡くなりました。

イスラム世界の成立
■ ムハンマドの死（632年）までの領土
0　1000km

イスラム教と、ユダヤ教・キリスト教の関係

　イスラム教は、ユダヤ教やキリスト教をふまえて生まれた宗教です。

　ユダヤ教はユダヤ人だけが救われると考えることで、イスラム教とは考え方がちがいます。またキリスト教は、神と子（イエス）、聖霊が同じものとする三位一体説をとりますが、イスラム教は「神は生みも生まれもしない」とするため、やはり考え方がちがいます。

　3つの宗教は、それぞれちがう立場なのです。

それぞれが別の立場

ユダヤ教　　キリスト教　　イスラム教

33

正統カリフからウマイヤ朝へ

ムハンマドの死後、イスラム教の国は、領土を拡大していきました。ムハンマドの後をついだ指導者が力を持った後、ウマイヤ朝、アッバース朝ができました。

正統カリフの時代

ムハンマドが死ぬと、イスラムの共同体であるウンマは、そのあとつぎとして、アブー＝バクルを選びました。あとつぎは、カリフと呼ばれました。

カリフは4人続き、各地を攻める指導者として活やくしました。イスラム教の国は、ササン朝ペルシアをほろぼし、ビザンツ帝国からシリアとエジプトをうばうなど、領土を広げました。

イスラムの国が各地を征服し、イスラム教を広めるために行った戦いは、聖戦（ジハード）と呼ばれます。また、この4人のカリフを、正統カリフと言います。

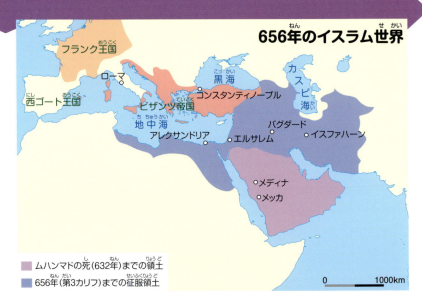

656年のイスラム世界

ウマイヤ朝ができる

4人目のカリフであるアリーの時代に、カリフの座をめぐる争いが起こりました。661年、アリーは暗殺され、アリーの敵だったウマイヤ家のムアーウィアがカリフになります。この後は、ムアーウィアの子孫がカリフになり、ウマイヤ朝と呼ばれます。

ウマイヤ朝は、ダマスクス（現在のシリア）を首都として領土を広げ、ヨーロッパ西のイベリア半島（現在のスペイン、ポルトガル）まで進出しました。ウマイヤ朝は、アラブ人が支配者で、征服された住民は、高い税をとられました。

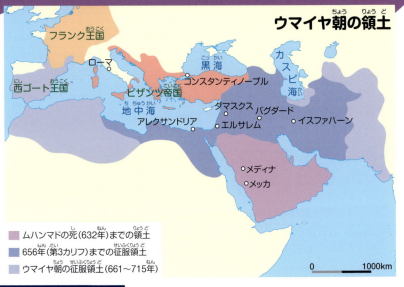

ウマイヤ朝の領土

ウマイヤ＝モスク。ウマイヤ朝の首都ダマスクスに建てられた。現在残っているモスクでは最も古い。

アラブ人以外には高い税金をかけた。

第2章 中東の宗教の歴史

スンナ派とシーア派が分かれる

ウマイヤ朝ができるころ、ウンマの中で対立が起こり、イスラム教が2つの宗派に分かれました。宗派とは、同じ宗教の中で、考え方のちがう集まりです。

ムハンマドのあとつぎとして、ウンマの指導者になれるのは、暗殺されたアリーとその子孫だけだとする宗派がシーア派です。いっぽう、ウマイヤ朝を開いたムアーウィアを指導者と認めるのがスンナ派です。この2つの宗派は、現在まで続いています。スンナ派がイスラム教徒の約85%をしめる多数派で、シーア派は少数派です。

ウマイヤ家のムアーウィアを指導者として認める。

アリーとその子孫だけがあとつぎだ。

多数のスンナ派　少数のシーア派

アッバース朝が開かれる

ウマイヤ朝をたおす

アッバース朝　円形都市バグダード

イスラム教徒は平等

イスラム教の教えでは、すべてのイスラム教徒は神の前で平等であるとしています。そのため、ウマイヤ朝の下で、アラブ人とアラブ人以外が差別されるのはおかしいとする声が高まりました。この勢力は、750年に、ウマイヤ朝をたおして、アッバース朝を開きました。アッバース朝では、イスラム教徒であれば民族による差別はなく、イスラム帝国とも呼ばれます。

アッバース朝では、現在のイラクにバグダードという円形の首都がつくられました。

増えるイスラム教徒

アッバース朝（イスラム帝国）は、西アジアから、中央アジア、北アフリカの広い範囲を領土にしましたが、もとから住んでいた住民をむりやりイスラム教徒（ムスリム）にすることはありませんでした。

イスラム教徒であれば、民族に関係なく同じ税金をとるなど、平等にあつかったので、イスラム教徒になろうとする人が増えたのです。

> イスラム教徒のことを、ムスリムとも言うよ。

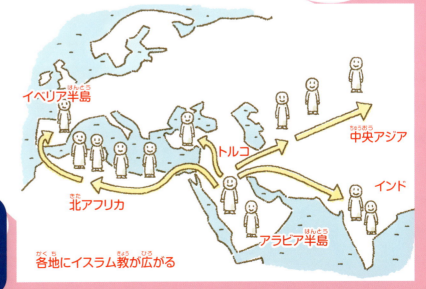

イベリア半島　中央アジア　トルコ　インド　北アフリカ　アラビア半島

各地にイスラム教が広がる

35

ちがう宗教の勢力との戦い

9世紀後半に、アッバース朝は分裂し、その後に、トルコ人の国ができました。11世紀末以降、イスラム教の国に、西からは十字軍、東からはモンゴル帝国が攻め入りました。

トルコ人のイスラム国家

中央アジアにいたトルコ人は、馬に乗って戦う兵士として優れていたので、イスラム帝国の兵士としてやとわれていました。

10世紀には、アッバース朝がおとろえ、11世紀に、トルコ人からなるセルジューク朝が領土を広げました。セルジューク朝は、イスラム教スンナ派の国で、学問にも力を入れていました。

セルジューク朝は、現在のトルコやシリアまで進出し、その西にある、キリスト教のビザンツ帝国にもせまりました。

11世紀後半のイスラム世界

トルコのマムルーク騎士

セルジューク朝の支配者は、スルタンと呼ばれたよ。

ヨーロッパからの十字軍

セルジューク朝がせまってきたビザンツ帝国は、ヨーロッパのローマ・カトリック教会に助けを求めました（→12ページ）。これをきっかけに、ローマ・カトリック教会は、キリスト教の聖地であるエルサレムをイスラム教の国から取りもどそうと、十字軍を送りこみました。十字軍は、イスラム教の人々を大勢殺しながらエルサレムまで進みました。

イスラム教は、ほかの宗教をおさえつけるようなことはなく、キリスト教徒にも尊敬の気持ちを持っていましたが、十字軍に攻められてからは、キリスト教徒に対して、悪い印象を持つようになったと言われています。

イスラム教徒を殺す十字軍。キリスト教側は、イスラム教徒を異教徒として認めなかった。
Bridgeman Images / PPS通信社

イスラム教徒は、ほかの宗教も認めていた。
認める
異教徒

認めない！
キリスト教徒はほかの宗教を認めなかった。
十字軍
ひどいじゃないか！
キリスト教徒
イスラム教徒

第2章 中東の宗教の歴史

モンゴルの大帝国ができる

　13世紀には、モンゴル高原にいたモンゴル民族が勢力をのばしました。チンギス＝ハンに率いられたモンゴル軍は、西アジア、インド、中国に攻めこんで領土を広げました。その子孫も東ヨーロッパにまで攻めこみました。

　13世紀半ばまでに、モンゴルは、中国からロシアやイランまでまたがる大帝国を築きました。この中には、元、イル＝ハン国、キプチャク＝ハン国、チャガタイ＝ハン国があり、各地方を治めていました。

モンゴル帝国の領土（13世紀半ば）4つの国に分かれていた。

東へ広がったイスラム教

モンゴル人の支配

イスラム文化がさかんに

数学
光学
化学

哲学
モスク建築
細密画

　チンギス＝ハンの孫のフラグは、イランやイラク方面に攻め入り、アッバース朝をほろぼしてイル＝ハン国を建てました。

　モンゴル帝国は、もともと原始的な宗教や、チベット仏教が多かったのですが、ほかのさまざまな宗教も受け入れました。イル＝ハン国やキプチャク＝ハン国の王はイスラム教を信仰するようになり、イスラム教徒の役人や商人も活やくしました。

　東西に広い帝国ができたことで、交流がさかんとなり、中国や東南アジアにもイスラム教が広がり、イスラム文化も伝わりました。

イベリア半島のイスラム文化

　ヨーロッパの西にあるイベリア半島には、8世紀初めから約800年間にわたって、イスラム教の国が進出していました。

　ヨーロッパより進んだイスラム文化が取り入れられ、イスラム教の宮殿などが建てられました。現在のスペインのグラナダにあるアルハンブラ宮殿はそのひとつで、美しいもようのある建物が今も残っています。

　しかし、やがて、イベリア半島にはキリスト教の勢力が進出し、15世紀末までに、イスラム教徒たちは、北アフリカに退きました（→16ページ）。

グラナダ（スペイン）にあるアルハンブラ宮殿。
kavalenkava/ Shutterstock.com

各地に広がるイスラム教の世界

イスラム教の国が勢力をのばし、イスラム教徒（ムスリム）の商人たちが、各地に交易に進出したことで、イスラム教は、インドや東南アジア、アフリカなどに広がりました。

インドに広まるイスラム世界

インド北部には、10世紀末から、中央アジアにいたイスラム勢力が進出しました。インドは、ヒンドゥー教が広まっていましたが、イスラム教の勢力におされ、13世紀初めからはイスラム教の国が建てられました。

イスラム教の教えは、ヒンドゥー教の教えと似ているところもあったため、都市の人々や差別を受けていた人に、イスラム教が広まりました。

クトゥブ＝ミナール。インドのデリー近くにある。13世紀初めに建てられた塔。高さ72.5mで、モスクに建てられた塔としては世界一高い。

東南アジアに広まるイスラム世界

東南アジアは、中国やイスラム教の国々と、船を使った交易が行われていました。ムスリムの商人たちは、三角形のほをかけた木の船（ダウ船）で、東南アジアにやってきていました。15世紀に栄えたマラッカ王国の王がイスラム教徒になり、東南アジアにイスラム教が広がっていきました。インドネシアのスマトラ島やジャワ島にもイスラム教の国ができたほか、フィリピンにもイスラム教が広まりました。

マラッカにあるカンポンフルモスク。18世紀前半に建てられた。マレーシアに残るモスクの中で、最も古い。

東南アジアのイスラム教

- イスラム教の広がり
- 現在、イスラム教徒が多いところ

ダウ船に乗って東南アジアへ

ムスリム商人

第2章 中東の宗教の歴史

アフリカに広まるイスラム世界

西アフリカのガーナ王国では、金がたくさんとれたため、ムスリムの商人が訪れていました。11世紀、北アフリカのムラービト朝というイスラム教の国が、ガーナ王国を支配すると、西アフリカにイスラム教が広まりました。

その後には、イスラム教徒が支配するマリ王国やソンガイ王国ができました。

アフリカ東海岸の都市にも10世紀以降、ムスリムの商人が住み、交易で栄えました。

トンブクトゥは、イスラムの学問の中心地でもあったんだ。

ニジェール川中流にある都市、トンブクトゥ（現在のマリ共和国）のモスク。トンブクトゥは、交易で栄え、ムスリムの商人も住んでいた。

Marianoblanco/ Shutterstock.com

スーフィズム運動がさかんになる

10世紀から、イスラム世界の都市の職人や農民の間で、神と一体になることをめざす運動がさかんになりました。これを、スーフィズム（神秘主義）と言います。

かれらは、夜集まって『クルアーン（コーラン）』に書いてあることを唱えたり、おどったりして、神と一体になろうとしました。

12世紀には、スーフィズムの教団がつくられ、アフリカ、中国、インド、東南アジアなどに行ってイスラム教を広めました。

スーフィズムの人々のおどり。おどることで、神と一体になることをめざす。

dinosmichail/ Shutterstock.com

進んでいたイスラム世界の学問

イスラム教の世界では、学問が進んでいました。
古代ギリシアで行われていた医学や天文学、地理学などをアラビア語に翻訳して学び、さらに発展させました。また、インドからも数学、天文学、医学を学んでいました。

また、中国から紙のつくり方が伝わり、各地に製紙工場がつくられて広まりました。

これらの学問や技術は、後にヨーロッパに伝えられ、ヨーロッパの文化を発展させることになりました。

ヨーロッパ　ギリシア語からアラビア語へ　イスラム世界　さらにヨーロッパへ　学問がさかん

イスラム教の3つの帝国

16〜17世紀のイスラム世界には、オスマン帝国、サファヴィー朝、ムガル帝国の3つの帝国が勢力をのばしていました。

オスマン帝国が栄える

13世紀末におこったトルコ人のオスマン帝国は、次第に領土を広げ、1453年には、ローマ帝国以来続いていたビザンツ帝国をほろぼしました。

オスマン帝国は、その後、シリア、エジプトと共に、イスラム教の二大聖地であるメッカとメディナも支配することになりました。

16世紀半ばには、オスマン帝国は、南イラクや北アフリカも支配し、ヨーロッパのハンガリーやオーストリアにも攻め入りました。

オスマン帝国の領土（16世紀）

多くの宗教が交じるイスタンブール

オスマン帝国は、ビザンツ帝国をほろぼすと、その首都だったコンスタンティノープルをイスタンブールという名前に変えて、オスマン帝国の首都としました。

イスタンブールには、イスラム教のほか、キリスト教のギリシア正教会の総本山、アルメニア教会、ユダヤ教のシナゴーグ（会堂）などがあり、多くの宗教が交じる都市でした。

イスタンブール（現在のトルコ共和国）にあるスルタンアフメト＝モスク。1609〜1617年に建てられた。ブルーモスクとも言われる。
SABPICS/ Shutterstock.com

オスマン帝国と宗教

オスマン帝国は、イスラム教の聖地であるメッカとメディナを支配したことから、スンナ派イスラム教を守る中心的な立場になりました。

政治は、イスラム教の法に基づいて行われましたが、キリスト教徒やユダヤ教徒の信仰も認めていました。

オスマン帝国の軍隊のひとつであるイェニチェリ軍団は、キリスト教徒を集めた軍隊で、各地に攻めこむ際に活やくしました。

シーア派のサファヴィー朝

イランでは、16世紀初めに、シーア派イスラム教を国の宗教とするサファヴィー朝がおこり、イラン人の国を建てました。

サファヴィー朝は、16世紀後半から17世紀前半のアッバース1世の時代に全盛期をむかえました。

首都のイスファハーンには、美しいモスクや学校、庭園などがつくられ、「イスファハーンは世界の半分の価値がある」と言われるほど栄えました。

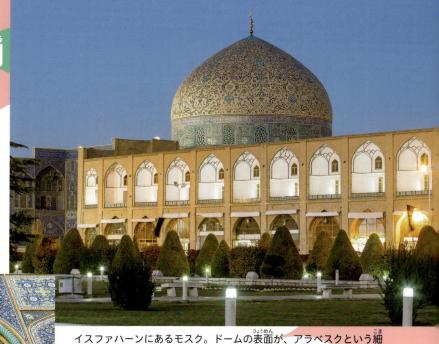

イスファハーンにあるモスク。ドームの表面が、アラベスクという細かいもようでかざられている。
Alexander Mazurkevich Shutterstock.com

サファヴィー朝のモスクの門の天じょうをかざる、複雑で細かいもよう。
Leonid Andronov/ Shutterstock.com

サファヴィー朝では、すばらしい芸術が発達したよ。

インドを支配したムガル帝国

イスラム教が広まっていたインドでは、16世紀前半に、バーブルによって、ムガル帝国が建てられました。

ムガル帝国の第3代皇帝のアクバルは、国のしくみを整え、領土を広げました。また、首都をアグラにうつしました。

17世紀に第6代皇帝になったアウラングゼーブの時代に、ムガル帝国の領土は最大になりましたが、国の力は弱まり出し、18世紀初めにアウラングゼーブが亡くなると、帝国はその力を失っていきました。

ムガル帝国第3代皇帝のアクバル。50年近く皇帝の地位にあり、強い国をつくった。
Alamy / PPS 通信社

イスラム教とヒンドゥー教をひとつに

15～16世紀のインドでは、イスラム教とヒンドゥー教をひとつにする信仰がさかんになりました。その中で、差別をやめるようにうったえる人も現れました。

アクバルは、イスラム教徒以外にかけられていた税金をやめ、ヒンドゥー教徒に支持されました。

しかし、アウラングゼーブは、イスラム教を保護し、ヒンドゥー教徒たちへの税金を復活させたため、反乱が起こりました。

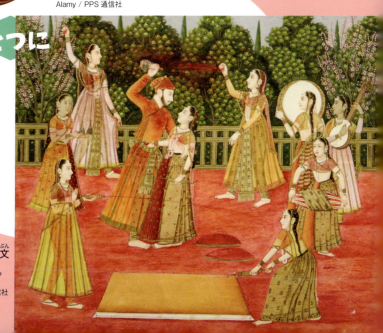

ムガル帝国でつくられた細密画。ムガル帝国では、文化面でもイスラム教とヒンドゥー教が混じり合った。
AGE / PPS 通信社

ヨーロッパの国々が進出する

17〜18世紀には、イスラム教の国々の力がおとろえるいっぽう、イギリスやフランスなどのヨーロッパの国々が進出し、植民地にする動きが起こりました。

オスマン帝国のおとろえ

広い領土を持っていたオスマン帝国でしたが、17世紀後半には、おとろえ始めます。17世紀末には、ハンガリーなどをオーストリアにゆずり、18世紀後半には、ロシアとの戦争に負け、黒海の北岸をうばわれました。

ロシアにうばわれた地域のうち、クリミア半島には、イスラム教徒が大勢住んでいましたが、その地域をキリスト教の国であるロシアにうばわれたことは、オスマン帝国にとって、大きな痛手でした。

また、ヨーロッパの国々が進出するようになり、オスマン帝国内のギリシアに独立運動が起こりました。

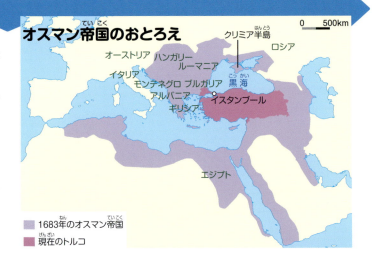
オスマン帝国のおとろえ
■ 1683年のオスマン帝国
■ 現在のトルコ

アラブ民族が独立をめざす

めざめるアラブ民族

18世紀半ば、アラビア半島にいたワッハーブは、イスラム教の改革を唱える運動をおこしました。

ワッハーブは、イスラム教のスーフィズム（神秘主義）（→39ページ）などをまちがいだとして、イスラム教をおこしたムハンマドの教えに帰ることを説きました。

この運動によって、トルコ人のオスマン帝国に支配されていたアラブ民族たちが、独立の動きを見せるようになりました。

19世紀初めには、アラブ民族のエジプトが独立し、オスマン帝国の領土は、さらにせまくなりました。

オスマン帝国での改革

19世紀初めから、オスマン帝国では、ヨーロッパの国々に対抗するために、さまざまな改革が進められました。この改革で、オスマン帝国は、イスラム教の国から、ヨーロッパの国のしくみを取り入れた国へと変わっていきました。

しかし、その後もオスマン帝国は領土を失い、20世紀初めには、ケマル＝アタチュルクの指導によって、トルコ共和国に変わります。

トルコ共和国の初代大統領として近代化を進めたケマル＝アタチュルク。
Bridgeman Images / PPS 通信社

（吹き出し）トルコ語をアルファベットで書くようにしたんだ。

第2章 中東の宗教の歴史

故郷での建国をめざすユダヤ人

ユダヤ教を信仰するユダヤ人は、紀元1〜2世紀に各地に散り散りになってから、長い間、自分たちの国を持つことができませんでした（→31ページ）。

19世紀末ごろから、ユダヤ人の間で、自分たちの国をつくろうとする運動が高まってきました。かれらは、昔ユダヤ人のイスラエル王国があったパレスチナの地に、ユダヤ人の国をつくることを夢見ていました。

しかし、この動きは、中東での争いのもとになっていきます。

散り散りのユダヤ人　かつてのイスラエル王国を夢見る

第一次世界大戦と中東

20世紀初め、ヨーロッパを中心に、世界の多くの国々を巻きこむ大きな戦争が起こりました。第一次世界大戦です。

このころ、中東には、イギリスやフランスが進出し、広い地域を植民地にしたり、思い通りに口出しできる保護国にしたりしていました。イギリスは、パレスチナについて、アラブ人には、オスマン帝国からの独立を約束していました。しかし、そのいっぽうで、ユダヤ人には、ユダヤ人の国をつくることを約束していたのです。これらは、同時にははたせない約束だったため、第一次世界大戦が終わってから、アラブ人とユダヤ人の対立が起こることになりました。これが、現在のパレスチナでの争いのもとになっているのです。

アラブ人

約束　約束
イギリス

ユダヤ人

↓ ところが、第一次世界大戦が終わると…

アラブ人　ユダヤ人

イギリス

第二次世界大戦以後の中東

パレスチナでのアラブ人とユダヤ人の対立は、第二次世界大戦後に激しくなりました。1948年にユダヤ人がイスラエルを建国したことにアラブの国々が反発し、戦争が起こりました。

イスラエルの建国

1939～1945年の第二次世界大戦では、ドイツのヒトラーを指導者とするナチスによって、多くのユダヤ人が殺されました。戦争が終わると、中東では、イギリスやフランスの支配から独立する動きが高まりました。

イギリスが治めていたパレスチナは、戦後、国際連合が、アラブ人とユダヤ人で分け合う案を示しました。ユダヤ人は、この案に従って、1948年にイスラエルという国をつくりましたが、周辺のアラブ諸国はイスラエルを認めず、戦争になりました。これを中東戦争と言います。イスラエルとアラブ諸国の間では、4回戦争が起こっています。また、イスラエルによって100万人以上のアラブ人(パレスチナ人)がパレスチナを追い出され、長い間の問題となっています。

1948年の、イスラエルの建国宣言。　©Polaris/amanaimages

中東でのイスラエルとアラブ諸国の争い

年	出来事	内容
1948年	イスラエルが建国 第1次中東戦争	イスラエルが領土を拡大 パレスチナから多数のアラブ人が追い出される
1956年	第2次中東戦争	イギリス・フランス・イスラエルがエジプトを攻撃するが、引き上げる
1967年	第3次中東戦争	イスラエルが領土を拡大
1973年	第4次中東戦争	エジプトが領土を取りもどす
1979年	エジプトと イスラエルが平和条約	エジプト以外のアラブ諸国は反発 エジプト大統領が暗殺される
1991年	中東和平会議	平和に向けた会議
1993年	オスロ合意	イスラエルがパレスチナ人の自治を認める
2008年	イスラエルが ガザ*を攻撃	

↓
対立が続き、解決の見通しは立たない

＊ガザは、パレスチナ人の自治区

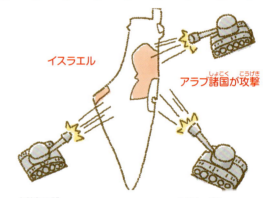

中東戦争では、イスラエルとアラブ諸国が戦った。

1993年、イスラエルがパレスチナ人地区での自治を認める。

第2章 中東の宗教の歴史

イランのイスラム革命

18世紀半ばに始まったイスラム教の改革運動（→42ページ）は、その後も続きました。

イランでは、1960年代から国王の指導によって、アメリカの助けでイスラム教の教えとはちがう方向の近代化が進められていました。シーア派の指導者のホメイニは、これに反対する運動をおこし、イスラム教の教えに基づく政治を行う国に変える革命がおこりました。これを、イラン革命と言います。

イラン革命をきっかけに、イランとアメリカが対立すると共に、イランは周辺のイスラム教の国とも対立し、イラン＝イラク戦争が起こりました（1980～1988年）。

イラン革命を指導したホメイニ（中央）。革命後は、イランの最高指導者になった。

picture alliance/アフロ

湾岸戦争とイラク戦争

1990年にイラクがとなりのクウェートに攻めこんだことから、翌年、アメリカなどの軍隊がイラクを攻める湾岸戦争が起こりました。アメリカなどの軍隊に攻められたイラク軍は、クウェートから退きました。

2003年、アメリカは、イラクのフセイン政権が、大量破壊兵器を持っているのではないかとの疑いを理由に、イギリスと共にイラクを攻め、フセイン政権をたおしました。

結局、大量破壊兵器は見つからなかったんだ。

アメリカがアフガニスタンを攻める

イスラム教徒の中には、イスラム教の教えだけしか認めず、イスラム教を守るためには、暴力もかまわないとする、イスラム過激派と呼ばれる人々がいます。かれらは、湾岸戦争でアメリカが口出しし、その後もアラブの国に軍隊を置いているのを気に入らないと考えていました。

2001年9月11日、イスラム過激派は、アメリカで同時多発テロを起こしました。その仕返しとして、アメリカは、テロを起こしたビンラディンをかくまっているアフガニスタンのタリバン政権を攻め、打ちたおしました。

現代のイスラム教

イスラム教は、人口増加が激しい地域に信者が多く、いずれキリスト教の信者の数を上回ると言われています。いっぽう、一部の過激組織によるテロなどの問題もあります。

増えるイスラム教徒

世界のイスラム教の信者は、現在約16億人とされ、約20億人のキリスト教徒の次に多くいます。イスラム教は、西アジアや東南アジア、北アフリカなど、人口の増え方が激しい地域に広まっているため、今後も信者が増え、いずれは世界最多の信者数になると予想されています。

ESB Professional/ Shutterstock.com

Marcin Szymczak/ Shutterstock.com

中東に住む子どもたち。アラブやイランなどには、イスラム教徒が多く、子どもたちもイスラム教を信じている。

重要度を増すイスラム世界

アラブ諸国

中東には、イスラム教を国教（国が定めた宗教）とする国がたくさんあります。その多くは、現代の資源として欠かせない原油（石油）の生産国です。
原油の値段が上がったり下がったりすることは、世界の経済や産業に大きなえいきょうをあたえます。その意味でも、イスラム教の国々の世界での重要度は大きいのです。

イスラム原理主義って何？

イスラム教を信じる人々の中で、イスラム教の教えに基づく法に従って政治が行われる社会をつくろうとする考えを、イスラム原理主義と言います。「原理主義」とは、もともとキリスト教の宗派（教派）のひとつで（→24ページ）、イスラム原理主義は、これをイスラム教にあてはめたものです。
イスラム原理主義者は、キリスト教徒が多いアメリカやヨーロッパの先進国の人々の考えはまちがっているとしています。中には、理想的なイスラム世界をつくるために、テロなどをしてもかまわないとするイスラム過激派もいます。

国家
イスラム教

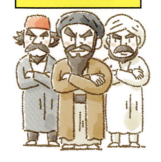

テロ

第2章 中東の宗教の歴史

「イスラム国（IS）」との戦い

2013年ごろから、イラクやシリアにまたがる地域を、「イスラム国（IS）」と名乗る組織が占領しています。かれらは、自分たちこそがイスラム教の教えを正しく受けついでいるとして、自分たち以外はすべて敵だと考えています。敵をたおすためには、武器を使って戦い、テロで関係のない市民を殺すのもおかまいなしです。

かれら自身は、国と名乗っていますが、世界のどの国もかれらを認めていません。アメリカやヨーロッパの国々、ロシア、シリア、イラクなどは、「イスラム国（IS）」を攻撃していますが、国同士の関係や利害の関係が複雑で、完全に協力し合っているわけではありません。

「イスラム国（IS）」の兵士たち。イギリスやフランスなどから加わった若者もいる。

Abaca/アフロ

相次ぐテロとイスラム教

フランスやベルギーを始め、世界各地で、市民をねらうテロが、たびたび起こっています。中には、日本人が巻きこまれた事件もあります。

これらのテロの中には、「イスラム国（IS）」や、イスラム過激派の組織が実行したものも多く、イスラム教やイスラム教徒全体が、おそろしいと見られることも少なくありません。

しかし、イスラム教は、神の下での平等をうったえ、平和を求める宗教であり、テロを起こすような人はイスラム教徒全体のごく一部です。

祈りをささげるイスラム教徒。大多数のイスラム教徒は、平和を求める人々だ。

hikrcn/ Shutterstock.com

2016年7月、バングラデシュの首都ダッカの飲食店がおそわれたテロで、日本人7名がぎせいになった。写真は、日本人ぎせい者のひつぎに花をささげる岸田外務大臣。

時事

一部の人の行動で、全体を決めつけてはいけないよ。

イスラム教と文化

イスラム教の教えに基づく文化がいろいろあります。偶像崇拝を禁止しているため、芸術では、神や人物をかたどった絵画や像などではなく、精密なもようや絵画が生まれました。

アラベスクや細密画が発達

イスラム教では、神やムハンマドなどの姿を絵や像にしておがむことを、偶像崇拝として、かたく禁じています。そのため、建物のかべなどをかざる、アラベスクという曲線的なもようが発達しました。また、たくさんの色を使い、精密にえがかれた細密画（ミニアチュール）がつくられました。

アラベスクは、じゅうたんなどのもようにもなっているよ。

イランのイスファハーンにあるイマーム＝モスク。表面が、アラベスクのタイルでおおわれている。
Naoki Kakuta / Shutterstock.com

16世紀のイランでかかれた細密画。
Granger / PPS通信社

ミナレットのあるモスクが建てられる

イスラム教の建築を代表するものは、モスクです。モスクは、イスラム教徒が神に祈るために建てられた施設です。一般的には、モスクには丸いドームがあり、ミナレットという高い塔がいっしょに建てられています。モスクの中には、イスラム教の聖地であるメッカの方角を示すミフラーブと呼ばれるくぼみがあります。

アラブ首長国連邦のアブダビにあるモスク。ドームのある建物と、高いミナレットがある。
ventdusud / Shutterstock.com

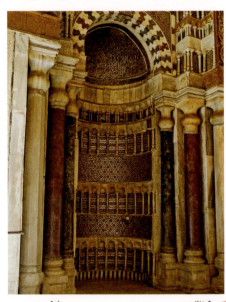

イスラム教のモスクにあるミフラーブ。聖地メッカの方角を示す。
eFesenko / Shutterstock.com

学問の発達と文学

イスラム世界では、神のことばを記したとされる『クルアーン（コーラン）』の研究から、神学と法学が発達しました。

また、ギリシア語の書物がアラビア語に翻訳され、ギリシアの哲学や数学、天文学なども学び、発展させました。

文学もさかんで、詩や物語がたくさんつくられました。中東やインド、ギリシアなどに伝わる話を集めた『千夜一夜物語（アラビアン＝ナイト）』は、日本でもよく知られている物語です。

船乗りシンドバッド

『千夜一夜物語（アラビアン＝ナイト）』は、8～9世紀にまとめられた。その中にある、船乗りシンドバッドが冒険をする話がよく知られている。

16世紀にオスマン帝国のイスタンブールにあった天文台。さまざまな器具で星の観測をしている。

HIP / PPS 通信社

イスラム教の風習

イスラム教では、しなければならないこと、してはならないことが決まっています。イスラム教徒は、その教えに従って暮らしています。一生のうちの大きな行事から、日々の生活のさまざまなところまで、イスラム教の教えに基づく風習がいきわたっています。

イスラム教の聖地メッカにあるカーバ神殿への巡礼は、したほうが望ましいこととされている。

Samet Guler/ Shutterstock.com

してはいけないこと

酒を飲んではいけない

かけごとをしてはいけない

イスラムのこよみの第9月は、断食をする月。日中の飲食が禁じられている。断食が終わると、ごちそうを食べてお祝いする。

Alamy / PPS 通信社

第3章 欧米・中東の宗教の歴史
500年ごろまで

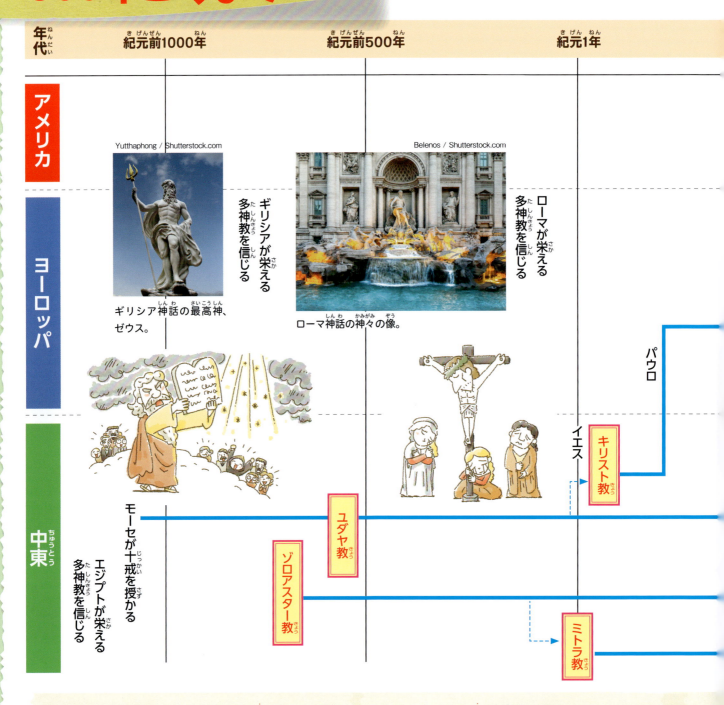

◆ゾロアスター教
紀元前13～前11世紀または紀元前7～前6世紀にいたゾロアスター（ザラスシュトラ）が開いたとされる宗教。この世は善と悪の神の戦いであり、最後の審判で楽園に入ることが人間の幸福だと説いた。火や光をとうといものとしておがむので、拝火教とも言う。現在のイランを中心に広まり、中国にも伝わった。

◆ユダヤ教
ユダヤ人が信仰する宗教。唯一絶対の神ヤハウェを信仰し、ヤハウェと契約したユダヤ人だけが救われるとする。世界が終わりをむかえる時、人々を救う救世主が現れると説く。モーセが神と交わした十戒を基本に、多くの戒律（守らなければならないこと）がある。

◆ミトラ教
ローマ帝国で、民衆の間で信仰された神秘的な宗教。インドやイランにあった、光明神ミトラをあがめる信仰が、ローマに伝わってミトラ教になった。神に牛をささげる儀式が行われる。

◆キリスト教
パレスチナにいたイエスの教えを信じる宗教。ユダヤ教が、ユダヤ人だけが救われるとするのに対して、すべての人が救われるとし、神の絶対愛と隣人への愛を説く。イエスが処刑されたの

第3章 欧米・中東の宗教の歴史

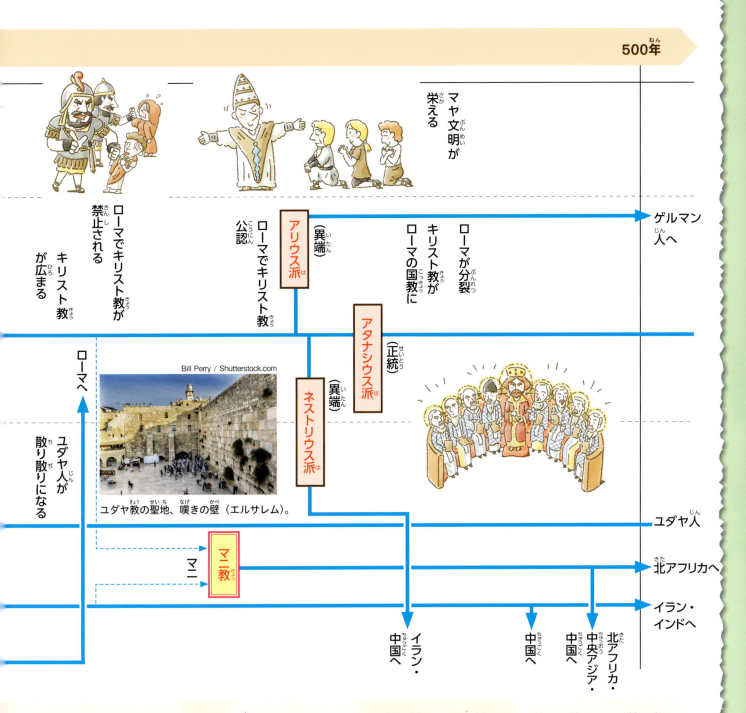

ユダヤ教の聖地、嘆きの壁（エルサレム）。

は、人間の罪を負ったのだと説き、イエスを救世主（キリスト）とする。キリスト教は、イエスの弟子たちによって広まり、4世紀末にはローマ帝国の国教になった。現在、世界で最も信者の多い宗教。

◆アタナシウス派
キリスト教の宗派のひとつ。キリスト教の父なる神、子なるイエス、聖霊の3つは同じものであると考える説（三位一体説）をとる。325年に開かれた会議で、正統であると認められた。

◆アリウス派
キリスト教の宗派のひとつ。父なる神と子なるイエスは同じものではなく、イエスは人であるとする。325年の会議で正統の宗派に反する異端であるとされた。ゲルマン人の間に広まった。

◆ネストリウス派
キリスト教の宗派のひとつ。イエスの神としての面と、人としての面は別であるとする。451年の会議で、正統の宗派に反する異端とされた。7世紀に中国に伝わり、景教として信仰された。

◆マニ教
3世紀にイランにいたマニが開いた宗教。ゾロアスター教に、仏教やキリスト教を取り入れておこした。後にイランでは禁止されたが、北アフリカや中央アジアに広まり、中国にも伝わった。

500〜1500年ごろ

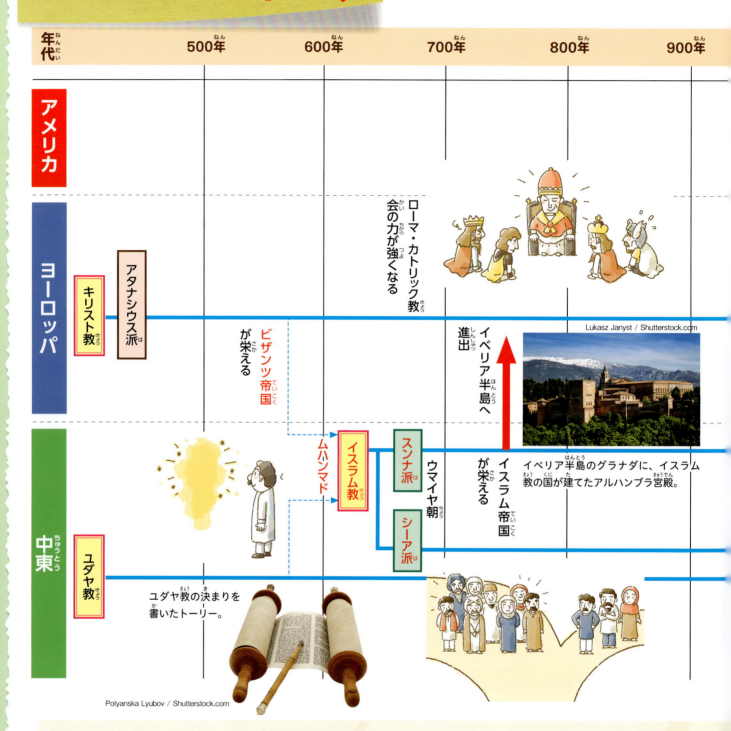

イベリア半島のグラナダに、イスラム教の国が建てたアルハンブラ宮殿。

◆ビザンツ帝国
東西に分かれたローマ帝国のうちの東ローマ帝国。首都コンスタンティノープル（現在のイスタンブール）が、もともとビザンティウムと呼ばれていたことからこう呼ばれる。東方正教会（ギリシア正教会）の中心地として栄えた。13世紀以後おとろえ、1453年にほろびた。

◆イスラム教
7世紀前半にムハンマドが開いた宗教。唯一絶対の神アッラーに、絶対的に従う。イスラム教の決まりは、政治や社会、文化など、あらゆるところにおよぶ。アラビア半島から西アジア、アフリカ、インド、東南アジアなどに広まった。

◆ムハンマド
570年ごろ〜632年。アラビア半島のメッカの商人だったが、40歳ごろに、神の声を聞いたとして預言者としての活動を始めた。622年にメディナに移り、信徒とともにウンマという共同体をつくった。630年にメッカを征服した。

◆スンナ派
イスラム教の宗派のひとつ。ムハンマドの行いを生活の基本にして、共同体（ウンマ）の団結を重んじる。現在のイスラム教徒の約85％をしめる多数派。

◆シーア派
イスラム教の宗派のひとつ。第4代カリフのアリーとかれの子孫だけがイスラ

第3章 欧米・中東の宗教の歴史

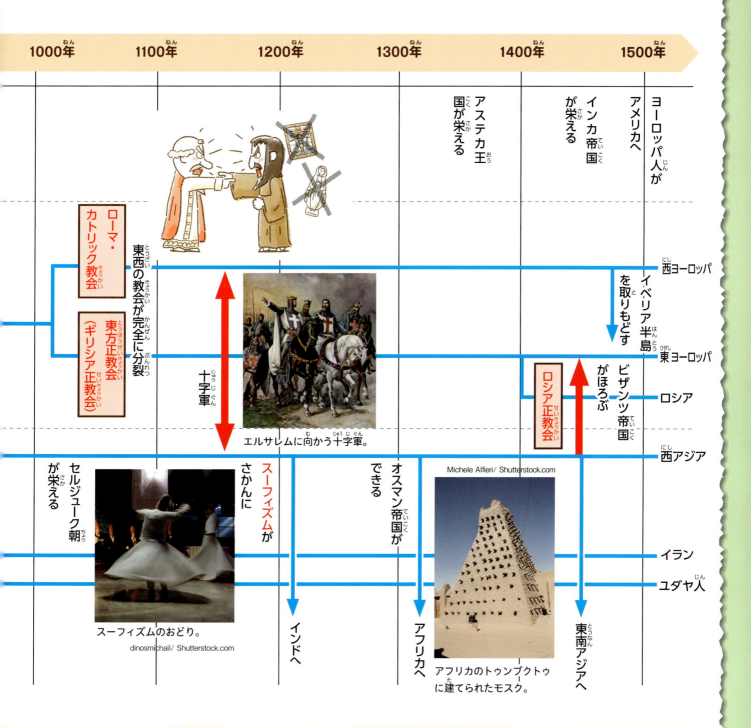

エルサレムに向かう十字軍。

スーフィズムのおどり。
dinosmichail/ Shutterstock.com

Michele Alfieri/ Shutterstock.com
アフリカのトゥンブクトゥに建てられたモスク。

ムの共同体（ウンマ）の指導者であるとする。現在は、イランを中心とする地域に、イスラム教徒の約15%が属する少数派。

◆ローマ・カトリック教会
キリスト教の組織のひとつ。ローマ教皇（法王）を最高の指導者とする。ローマ教皇の下に、大司教、司教、司祭、修道院長などが順にいる。西ヨーロッパにキリスト教が広まるにつれて、その権威が高まり、国王をも上回るものになった。

◆東方正教会（ギリシア正教会）
キリスト教の組織のひとつ。東ローマ帝国（ビザンツ帝国）の皇帝を最高の指導者とする。コンスタンティノープル教会を総本山とする。ローマ・カトリック教会がラテン語を使ったのに対し、ギリシア語を使った。ギリシア正教会とも言う。南ヨーロッパ、東ヨーロッパ、ロシアに広まった。キリスト教のもともとの教えが残る。

◆ロシア正教会
キリスト教の組織のひとつ。ロシアにつくられた。ビザンツ帝国がほろびてからは、その権威を引きついだ。

◆スーフィズム
イスラム教の考え、運動。形式的に信仰するのではなく、神アッラーと一体となる感じを求める。神秘主義とも言う。

1500年〜現在

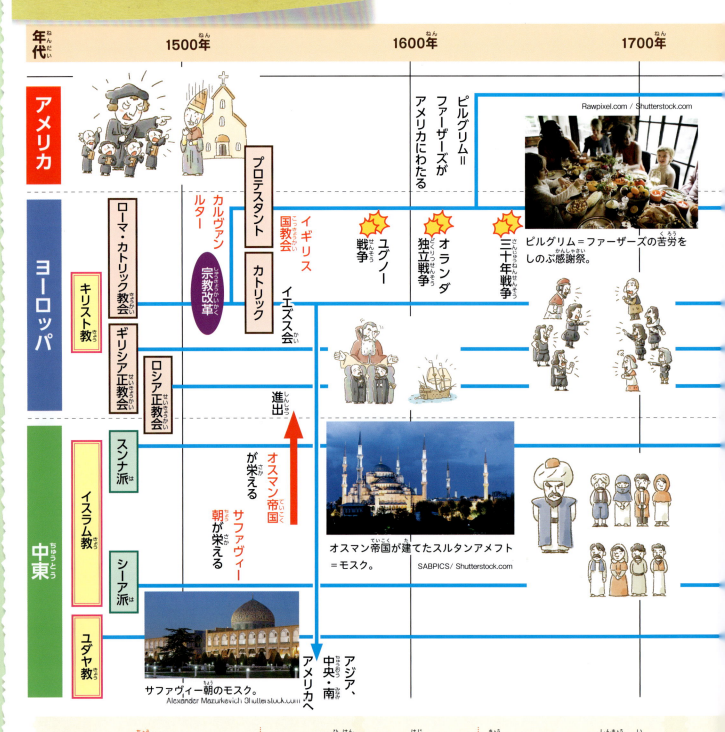

◆サファヴィー朝
16世紀初めから18世紀前半までイランにあったイスラム教の国。16世紀末に都になったイスファハーンが、商業や文化の中心地として栄えた。

◆宗教改革
16世紀に起こった、ローマ・カトリック教会を変えようとする動き。しょくゆう状を買えば罪がゆるされるとして資金を集めていたカトリック教会を、ドイツのルターが批判したことに始まる。その後、スイスのカルヴァンたちによって改革の動きが高まり、フランス、オランダ、イギリスなどにも広まった。

◆プロテスタント
キリスト教の宗派のひとつ。ローマ教皇（法王）の権威を認めず、キリスト教の本来の教えにもどることを主張した。プロテスタントとは、「抗議する者」という意味。それまでのカトリックを旧教、プロテスタントを新教と言う。

◆ルター
1483〜1546年。ドイツの神学者。ローマ・カトリック教会が出したしょくゆう状を批判して、宗教改革の先がけとなった。カトリック教会から破門されたが、主張を変えなかった。また、『新約聖書』をドイツ語に訳し、一般の人々がキリスト教の教えに直接ふれられるようにした。

第3章 欧米・中東の宗教の歴史

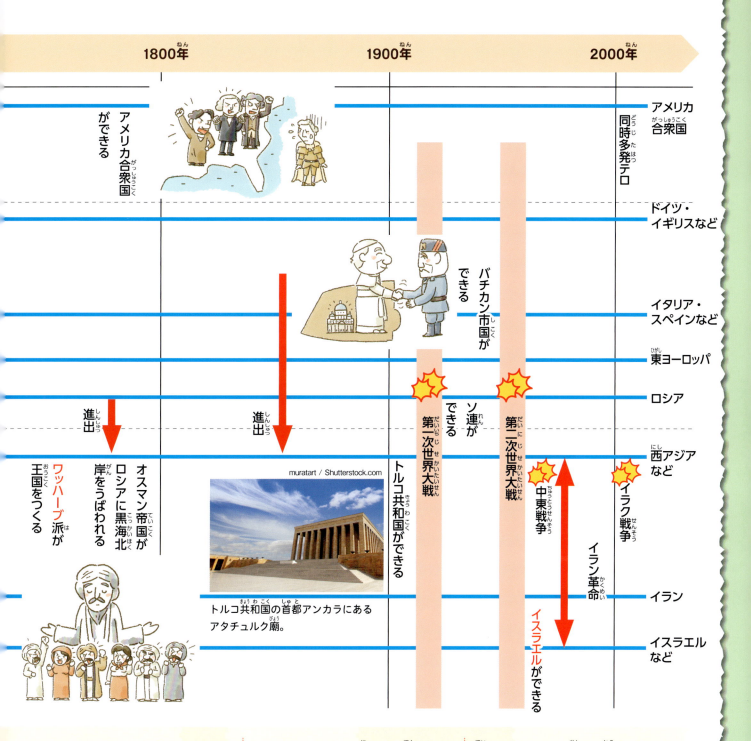

トルコ共和国の首都アンカラにあるアタチュルク廟。

◆カルヴァン
1509〜1564年。フランス出身の宗教改革者。たましいが救われるかどうかは、あらかじめ神によって決められていると主張した。フランスを追われてスイスにのがれ、宗教改革に力をつくした。

◆イギリス国教会
16世紀にできたイギリスの教会。イギリス国王をトップとし、教会が国王の下にあるしくみをとる。制度や儀式には、ローマ・カトリックに似ている点がある。

◆オスマン帝国
13世紀末にトルコ系の人々が建国したイスラム教国。広い範囲を領土にし、1453年にはビザンツ帝国をほろぼした。16世紀に最も栄えたが、18世紀以後、ヨーロッパの強国が進出しておとろえた。

◆ワッハーブ
1703〜1792年。イスラム教の学者。スーフィズム（→39ページ）などを否定し、ムハンマドの教えに帰ることをうったえた。ワッハーブと同じ考えの人をワッハーブ派と言い、アラビア半島にワッハーブ王国をつくった。

◆イスラエル
1948年に、パレスチナに建国されたユダヤ人の国。2000年近く各地に散り散りになっていたユダヤ人が、アラブ人が住むパレスチナにつくったため、周辺の国々と戦争になった。

さくいん

あ

IS ……47
アイルランド自由国 ……23
アウラングゼーブ ……41
アクバル ……41
アグラ ……41
アタナシウス派 ……9、51、52
アッシリア ……30
アッバース朝 ……35、36
アッラー ……32
アテネ ……5
アフガニスタン ……45
アブー=バクル ……34
アブラハム ……28
アブラム ……28
アメリカ ……20
アメリカ合衆国 ……20
アラビアン=ナイト ……49
アラファト議長 ……44
アラベスク ……41、48
アララト山 ……29
アリー ……34
アリウス派 ……9、51
アルハンブラ宮殿 ……37
アルメニア教会 ……40
アンリ4世 ……18
イエス ……6、7、26、50
イエズス会 ……16、17、54
イェニチェリ軍団 ……40
イェリコ ……29
イギリス国教会 ……15、20、54
イグナティウス=ロヨラ ……16
イスタンブール ……40、49
イスファハーン ……41、48、54
イスラエル ……44、55
イスラエル王国 ……29、30
イスラム革命 ……45
イスラム過激派 ……45、46
イスラム教 ……23、32、33、37、38、40、52、54
イスラム原理主義 ……46
イスラム国 ……47
イスラム帝国 ……35
イタリア ……22
イタリア王国 ……22
イベリア半島 ……16、37
イマーム=モスク ……48
イラク ……45
イラク戦争 ……45
イラン ……45
イラン=イラク戦争 ……45
イル=ハン国 ……37
ヴェネツィア ……13
ウマイヤ朝 ……34、52
ウマイヤ=モスク ……34
ウンマ ……33、52
エルサレム ……12、36
エルサレム王国 ……12
オスマン帝国 ……40、42、49
オスロ合意 ……44
オックスフォード大学 ……27
オットー1世 ……11
オランダ ……19
オランダ独立戦争 ……54
オリンピック ……5

か

ガザ ……44
カタコンベ ……8
カトリック ……18、23、25、54
カトリック教会 ……16
ガーナ王国 ……39
カナン ……28、29
カノッサの屈辱 ……11
カーバ神殿 ……33、49
紙 ……39
カリフ ……34
カルヴァン ……15、24、55
感謝祭 ……21
カンポンフルモスク ……38
北アイルランド ……23
北キプロス=トルコ共和国 ……23
キプチャク=ハン国 ……37
キプロス共和国 ……23
旧教 ……15、18
救世主 ……6、31、50、51
教会 ……26
ギリシア正教会 ……10、40、53、54
キリスト ……51
キリスト教 ……6、8、10、24、33、50、52、54
キリスト教原理主義者 ……24
クウェート ……45
偶像崇拝 ……11、48
クエーカー ……21
クトゥブ=ミナール ……38
グラナダ ……37
クリスマス ……25、27
クリミア半島 ……42
クルアーン ……32、49
景教 ……51
結婚式 ……25
ケマル=アタチュルク ……42
ゲルマン人 ……10
ケルン大聖堂 ……26
元 ……37
ゴア ……17
香辛料 ……16
ゴシック様式 ……26
古代エジプト ……5
古代ギリシア ……5
古代ローマ ……5
コーラン ……32、49
ゴルゴタの丘 ……12
コンスタンティノープル ……9、10、40

さ

細密画 ……48
ササン朝ペルシア ……32、34
サファヴィー朝 ……40、41
ザラスシュトラ ……50
三十年戦争 ……19、54
サンバルテルミの虐殺 ……18
サン・ピエトロ大聖堂 ……7、14、22
讃美歌 ……26
三位一体説 ……33
シーア派 ……35、52、54
ジェノバ ……13
十戒 ……50
シナイ山 ……29
シナゴーグ ……40
ジハード ……34
資本主義 ……24
シャルトル大聖堂 ……26
宗教改革 ……14、54
十字軍 ……12、13、36
修道院 ……27
修道士 ……27
少年十字軍 ……13
植民地 ……17
しょくゆう状 ……14
神学 ……27
進化論 ……24
新教 ……15、18
神聖ローマ帝国 ……11
シンドバッド ……49
新パビロニア ……30
神秘主義 ……39、42、53
ステンドグラス ……26
スパルタ ……5
スーフィズム ……39、42、53
スペイン ……16
スルタンアフメト=モスク ……40
スンナ派 ……35、52、54
聖歌 ……26
清教徒 ……15、20
聖戦 ……34
正統カリフ ……34
聖墳墓教会 ……12
ゼウス ……5、50
世界宗教 ……7
セルジューク朝 ……12、36
セルビア正教 ……23
宣教師 ……16、17
選民思想 ……31
千夜一夜物語 ……49
洗礼 ……25
ソビエト社会主義共和国連邦 ……22
ソ連 ……22
ゾロアスター教 ……50
ソロモン王 ……30
ソンガイ王国 ……39

た

大航海時代 ……16
ダヴィデ王 ……30
ダウ船 ……38
ダッカ ……47
ダマスクス ……34
タリバン政権 ……45
断食 ……49
チベット仏教 ……37
チャガタイ=ハン国 ……37
中東戦争 ……44
チンギス=ハン ……37
同時多発テロ ……45
東方正教会 ……10、25、53
トランプ大統領 ……21
トルコ共和国 ……42
トンブクトゥ ……39

な

ナチス ……44
ナントの勅令 ……18
西ローマ帝国 ……10
ネアンデルタール人 ……4
ネストリウス派 ……51
ネーデルラント ……19
ネーデルラント連邦共和国 ……19
ノアの方舟 ……28、29

は

ハインリヒ4世 ……11
パウロ ……7、50
バグダード ……35
バチカン市国 ……7、22
バビロン捕囚 ……30
ハプスブルク家 ……19
バプティスト ……21
バーブル ……41
パリ大学 ……27
パルテノン神殿 ……5
パレスチナ ……6
パレスチナ解放機構 ……44
PLO ……44
東ローマ帝国 ……10
ピサ ……13
ピサ大聖堂 ……26
ビザンツ帝国 ……10、12、32、36、52
ビザンティウム ……52
ヒトラー ……44
ピューリタン ……15、20
ピラミッド ……5
ピルグリム=ファーザーズ ……20
ビンラディン ……45
フィリピン ……17
フセイン大統領 ……45
フラグ ……37
フランシスコ=ザビエル ……16
ブルーモスク ……40
プロテスタント ……14、15、18、24、25、54
ペテロ ……7
ベニスの商人 ……31
ヘンリ8世 ……15
ホメイニ ……45
ポルトガル ……16
ボローニャ大学 ……27

ま

マカオ ……17
魔女狩り ……15
マニ教 ……51
マラッカ王国 ……38
マリ王国 ……39
ミイラ ……5
ミトラ教 ……50
ミナレット ……48
ミニアチュール ……48
ミフラーブ ……48
ムーアーウィア ……34
ムガル帝国 ……40、41
ムスリム ……35、38
ムハンマド ……32、52
ムラービト朝 ……39
メイフラワー号 ……20
メシア ……31
メソジスト ……21
メッカ ……32、33、49
メディナ ……33
免罪符 ……14
モーセ ……29、50
モーセの十戒 ……29
モルモン ……21
モンゴル ……37

や

ヤハウェ ……28、31
ユグノー戦争 ……18、54
ユーゴスラビア ……23
ユダ王国 ……30
ユダヤ教 ……6、30、33、50、52、54
予定説 ……15

ら

ラテン語 ……27
ラビン首相 ……44
ルター ……14、54
ルーテル ……21
礼拝 ……25
労働 ……27
ロシア正教会 ……22、53、54
ローマ・カトリック教会 ……11、14、22、36、53、54
ローマ教会 ……10
ローマ教皇(法王) ……7、22、53
ローマ帝国 ……8、31
ロマネスク様式 ……26
ロムルス ……5

わ

ワッハーブ ……42、55
湾岸戦争 ……45

池上彰 監修！
国際理解につながる宗教のこと（全4巻）

監修　池上彰

1950年、長野県生まれ。大学卒業後、NHKに記者として入局する。社会部などで活躍し、事件、災害、消費者問題などを担当し、教育問題やエイズ問題のNHK特集にもたずさわる。1994年4月からは、「週刊こどもニュース」のおとうさん役兼編集長を務め、わかりやすい解説で人気となった。現在は、名城大学教授。
おもな著書に、『一気にわかる！ 池上彰の世界情勢2017』（毎日新聞出版）、『池上彰の世界の見方: 15歳に語る現代世界の最前線』（小学館）、『伝える力』（PHP研究所）、『池上彰の戦争を考える』（KADOKAWA）などがある。

●編集協力
　有限会社大悠社

●表紙デザイン
　木村ミユキ

●本文デザイン
　木村ミユキ

●表紙イラスト
　よしむらあきこ

●イラスト
　タカダカズヤ
　すぎうらあきら

●参考文献
『国際関係がよくわかる　宗教の本①〜④』池上彰（岩崎書店）
『［図解］池上彰の 世界の宗教が面白いほどわかる本』池上彰（KADOKAWA）
『一冊でわかるイラストでわかる 図解現代史 1945-2020』東京都歴史教育研究会・監修（成美堂出版）
『一冊でわかるイラストでわかる 図解宗教史』塩尻和子 ほか2名監修（成美堂出版）
『一冊でわかるイラストでわかる 図解仏教』廣澤隆之・監修（成美堂出版）
『オールカラーでわかりやすい！ 世界の宗教』渡辺和子・監修（西東社）
『面白いほどよくわかる イスラーム』塩尻和子・監修、青柳かおる（日本文芸社）
『面白いほどよくわかる キリスト教』宇都宮輝夫 阿部包（日本文芸社）
『面白いほどよくわかる 神道のすべて』菅田正昭（日本文芸社）
『面白いほどよくわかる 聖書のすべて』ひろさちや・監修、中見利男（日本文芸社）
『面白いほどよくわかる 仏教のすべて』金岡秀友・監修、田代尚嗣（日本文芸社）
『「神」と「仏」の物語』由良弥生（KKベストセラーズ）
『教養としての仏教入門 身近な17キーワードから学ぶ』中村圭志（幻冬舎）
『佐藤優さん、神は本当に存在するのですか？ 宗教と科学のガチンコ対談』竹内久美子 佐藤優（文藝春秋）
『史上最強図解 橋爪大三郎といっしょに考える宗教の本』橋爪大三郎・監修（ナツメ社）
『常識として知っておきたい 世界の三大宗教』歴史の謎を探る会［編］（河出書房新社）
『詳説世界史』佐藤次高 木村靖二 ほか4名（山川出版社）
『詳説日本史』石井進 五味文彦 ほか12名（山川出版社）
『神社と神様大全』（宝島社）
『図解 いちばんやさしい三大宗教の本』沢辺有司（彩図社）
『図解 知っているようで意外と知らない お寺さん入門』渋谷申博 ほか（洋泉社）
『図解 知っているようで意外と知らない 神社入門』渋谷申博 ほか（洋泉社）
『図解 世界5大宗教全史』中村圭志（ディスカヴァー・トゥエンティワン）
『世界最新紛争地図』（宝島社）
『世界の宗教』村上重良（岩波書店）
『世界の宗教がまるごとわかる本』（枻出版社）
『世界の宗教は人間に何を禁じてきたか』井上順孝（河出書房新社）
『地図で読む世界史』柴宜弘・編著（実務教育出版）
『帝国書院 ＝ タイムズ 同時代史的 図解世界史』ジェフリー＝パーカー・監修、浅香正 新井桂子 ほか13名・訳（帝国書院）
『徹底図解 世界の宗教』島崎晋（新星出版社）
『何をめざして生きるのか？ 目で見る宗教』ドーリング＝キンダースリー・編、町田敦夫・訳（さ・え・ら書房）
『「日本人の神」入門 神道の歴史を読み解く』島田裕巳（講談社）
『プレステップ宗教学〈第2版〉』石井研士（弘文堂）
『もっとよくわかる 世界の三大宗教 かなり素朴な疑問・篇』歴史の謎を探る会［編］（河出書房新社）

池上彰 監修！
国際理解につながる宗教のこと
4巻 歴史と宗教（欧米・中南編）

2017年4月1日　　初版発行

発行者　　升川秀雄
編　集　　松田幸子
発行所　　株式会社教育画劇
　　　　　〒151-0051　東京都渋谷区千駄ヶ谷5-17-15
　　　　　TEL：03-3341-3400　FAX：03-3341-8365
　　　　　http://www.kyouikugageki.co.jp
印刷・製本　大日本印刷株式会社

56P 297×210mm　NDC230 ISBN 978-4-7746-2094-7

Published by Kyouikugageki, inc., Printed in Japan
本書の無断転写・複製・転載を禁じます。乱丁、落丁本はお取り替えいたします。

池上彰 監修！
国際理解につながる
宗教のこと